DR. OETKER

Grund Kochbuch

DR. OETKER

Grund Kochbuch

CERES

Das Kochen ändert sich. Zwar haben die Rezepte von Mutter und Großmutter immer noch Bestand und sind Grundlage für viele Gerichte.

Es gibt aber viele schmackhafte Gerichte, die Mutter und Großmutter einfach nicht kochen konnten, weil sie sie nicht kannten.

Eßgewohnheiten ändern sich in unserer Zeit schneller als jemals zuvor. Unsere Kinder essen Spaghetti allemal lieber als Kartoffelsuppe.

Diesem Trend will dieses Buch Rechnung tragen. Probieren Sie mal!

Fleisch, Wild & Geflügel

Seite 54–87

Eierspeisen

Seite 88–93

Gemüse & Salate

Seite 94–115

Ohne kräftige Brühe keine gute Suppe! Eine Brühe wird aus Fleisch, Geflügel, Knochen, Gemüse oder Kräutern zubereitet. Die Zutaten werden in reichlich Wasser mit Gewürzen so lange bei schwacher Hitze gekocht, bis die Geschmacksstoffe in das Wasser übergegangen sind.

Eintöpfe sind deftige Gerichte. Sie sind entweder Suppen mit viel Einlage oder kräftige, herzhafte Gerichte aus einem Topf. Sie werden meist als Hauptgericht verzehrt mit einer süßen Speise oder Obst als Abrundung der Mahlzeit.

Rindfleischbrühe

250 g zerkleinerte Rinderknochen
250 g Rindfleisch (Beinscheibe oder Hohe Rippe) *unter fließendem kaltem Wasser abspülen, beide Zutaten in*
1 $^1/_2$ l kaltes Salzwasser *geben, zum Kochen bringen (Foto 1), mit einem Eßlöffel oder Schaumlöffel abschäumen (Foto 2), ziehen lassen*
1 Bund Suppengrün *putzen, abspülen, evtl. zerkleinern*
1 Tomate
2 mittelgroße Zwiebeln *mit je*
1 Nelkenkopf *spicken*
beide Zutaten etwa 1 Stunde vor Beendigung der Garzeit zu dem Fleisch geben (Foto 3), gar ziehen lassen, die Brühe durch ein Sieb gießen (Foto 4), das mit einem Mulltuch- oder Leinentuch ausgelegt ist, mit
Salz *abschmecken, das Fleisch in Würfel schneiden, in die Brühe geben, mit*
2 EL gehackter Petersilie *bestreuen*
Garzeit *etwa 2 $^1/_2$ Stunden.*
Pro Portion *E: 16 g; F: 8 g; Kh: 4 g; kJ: 673; kcal: 160.*
Einlage *Eierstich oder Markklößchen, Reis oder Nudeln.*

Eierstich

2 Eier *mit*
125 ml ($^1/_8$ l) kalter Milch
Salz
geriebener Muskatnuß *verschlagen, in ein gefettetes Gefäß füllen, mit*
Alufolie *verschließen, in kochendes Wasser stellen, das Wasser wieder zum Kochen bringen, den Topf mit einem Deckel verschließen (das Wasser nicht mehr kochen lassen),*

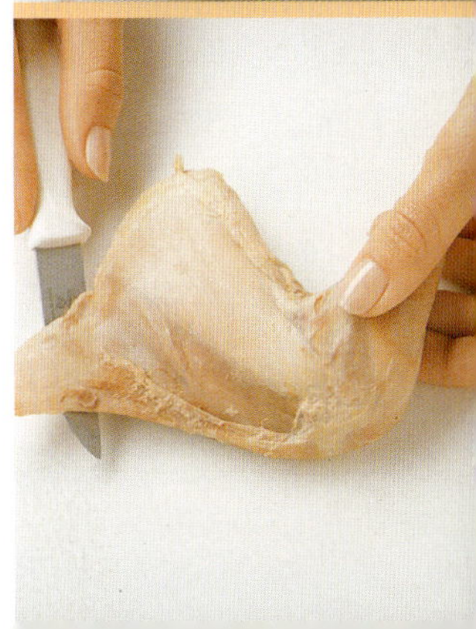

wenn die Masse fest geworden ist, sie stürzen, in Würfel schneiden, in die Suppe geben.

Pro Portion *E: 5 g; F: 5 g; Kh: 2 g; kJ: 303 ; kcal: 72.*

Veränderung: *1 Eßlöffel feingehackte Kräuter, feingeriebenen Käse oder Tomatenmark mit den Eiern verschlagen.*

Hühnerbrühe

(Foto Seite 10/11 – 6 Portionen)

1 küchenfertiges Suppenhuhn (1 kg) *unter fließendem kaltem Wasser abspülen, mit Herz, aufgeschnittenem, gesäubertem Magen, Hals, in*

1$^1/_2$ l kaltes Salzwasser *geben (Foto 1), zum Kochen bringen, abschäumen*

1 Bund Suppengrün *putzen, waschen, kleinschneiden, in die Brühe geben (Foto 2)*

1 Tomate
1 mittelgroße Zwiebel *abziehen, in die Brühe geben, köcheln lassen, die Brühe durch ein Sieb gießen (Foto 3), mit Salz abschmecken, das Fleisch von den Knochen lösen (Foto 4), die Haut entfernen, das Fleisch in kleine Stücke schneiden*

200 g gekochte Spargelstücke
125 g gekochter Langkornreis (parboiled)

die drei Zutaten in die Brühe geben, erhitzen, mit

2 EL gehackter Petersilie *bestreuen*

Garzeit *etwa 1$^1/_2$ Stunden.*

Pro Portion *E: 29 g; F: 26 g; Kh: 28 g; kJ: 2055; kcal: 491.*

Gemüsebrühe

2 Bund	
Suppengrün	*putzen, waschen, kleinschneiden*
1 Kohlrabi	*schälen, waschen, grob würfeln*
2 Tomaten	*waschen, in*
1 1/2 l kaltem	
Wasser	*aufsetzen, langsam zum Kochen bringen*
4 EL Bierhefe-	
flocken	*zugeben (Foto 1)*
1/2 EL gehacktes	
Liebstöckel	*einrühren (Foto 2)*
200 g Erbsen	
1 Lorbeerblatt	*hinzugeben, 45 Minuten köcheln lassen, die Brühe durch ein Sieb gießen, das mit einem Mulltuch- oder Leinentuch ausgelegt ist (Foto 3), mit Salz abschmecken, mit*
2 EL gehackter	
Petersilie	*bestreuen*
Pro Portion	*E: 8 g; F: 1 g; Kh: 11 g; kJ: 358 ; kcal: 86.*
Einlage	*Grießklößchen, feine Streifen von Eierkuchen.*

Grießklößchen

125 ml (1/8 l)	
Milch	*mit*
10 g Butter	
Salz	
geriebener	
Muskatnuß	*zum Kochen bringen, von der Kochstelle nehmen*
50 g Grieß	*unter Rühren hineinstreuen, zu einem glatten Kloß rühren, noch etwa 1 Minute erhitzen, den heißen Kloß in eine Schüssel geben*
1 Ei	*unterrühren, aus der Masse mit zwei Teelöffeln Klößchen formen (Foto 4), in kochendes Salzwasser oder kochende Suppe geben, gar ziehen lassen (Flüssigkeit muß sich leicht bewegen)*
Garzeit	*etwa 5 Minuten.*
Pro Portion	*E: 4 g; F: 5 g; Kh: 11 g; kJ: 465; kcal: 111.*

Zwiebelsuppe

(6 Portionen)

500 g Zwiebeln	*abziehen, halbieren, in dünne Scheiben schneiden (Foto 1)*
4 EL Pflanzenöl	*erhitzen, die Zwiebeln darin andünsten*
750 ml (3/4 l) Fleisch- oder Gemüsebrühe	*angießen, zum Kochen bringen, 20 Minuten köcheln lassen*
250 ml (1/4 l) trockenen Weißwein	*in die Suppe geben, mit*
Salz	
Tabascosauce	*abschmecken*
2 Scheiben Toastbrot	*toasten, in sehr kleine Würfel schneiden (Foto 2)*
30 g Butter	*zerlassen, die Weißbrotwürfel darin goldgelb rösten*
	Suppe auf 6 Tassen verteilen (Foto 3), die Weißbrotwürfel darauf verteilen
120 g frischen Parmesan	*raspeln, auf die Suppe geben (Foto 4), unter dem Grill 5 Minuten überbacken, sofort servieren.*
Pro Portion	*E: 13 g; F: 21 g; Kh: 11 g; kJ: 1336; kcal: 319.*
Tip	*Statt der Brotwürfel auf jede Suppentasse eine Scheibe Weißbrot geben, den Käse darüberstreuen, überbacken.*

Bunte Gemüsesuppe

125 g vorbereiteten Blumenkohl	*in Röschen teilen*
2 mittelgroße Möhren	*putzen, schälen, mit einem Buntschneidemesser in Scheiben schneiden (Foto 1)*
125 g Grüne Bohnen	*evtl. abfädeln (Foto 2), waschen, in Stücke brechen oder schneiden*
1 Stange (125 g) Porree (Lauch)	*putzen, in 1–2 cm große Stücke schneiden (Foto 3), waschen*
1 Stück Sellerieknolle (125 g)	*putzen, schälen, waschen, kleinschneiden waschen*
100 g junge ausgepalte Erbsen	
40 g Butter oder Margarine	*zerlassen, das kleingeschnittene Gemüse darin andünsten*
2 mittelgroße Tomaten	*kurze Zeit in kochendes Wasser legen (nicht kochen lassen), in kaltem Wasser abschrecken, enthäuten, die Tomaten kleinschneiden, zu dem Gemüse geben*
750 ml (3/4 l) Gemüsebrühe	*hinzugießen, mit*
Salz	
frisch gemahlenem Pfeffer	*würzen, zum Kochen bringen, gar kochen lassen, die Suppe mit*
2 EL gehackten Kräutern (z. B. Petersilie, Kerbel)	*bestreuen (Foto 4)*
Kochzeit	*etwa 20 Minuten.*
Pro Portion	*E: 6 g; F: 10 g; Kh: 13 g; kJ: 653; kcal: 156.*
Einlage	*Grießklößchen.*

Tomatensuppe

1250 g Tomaten	*kurze Zeit in kochendes Wasser legen (nicht kochen lassen), in kaltem Wasser abschrekken, enthäuten (Foto 1), die Stengelansätze herausschneiden, die Tomaten vierteln*
2 mittelgroße Zwiebeln	*abziehen*
50 g durchwachsenen Speck	*beide Zutaten in Würfel schneiden*
4 EL Olivenöl	*erhitzen, Zwiebel- und Speckwürfel darin glasig dünsten lassen (Foto 2), die Tomatenviertel hinzufügen*
1/2 EL gehackten Liebstöckel	
2 EL Tomatenmark	*unterrühren*
evtl. 1 EL Weizenmehl	*darüberstäuben (Foto 3)*
evtl. 125 ml (1/8 l) Gemüsebrühe	*hinzugießen (Foto 4)*
1 abgezogene Knoblauchzehe	*hineinpressen, zum Kochen bringen, etwa 30 Minuten kochen, die Suppe durch ein Sieb streichen, erhitzen, mit*
Salz	
Zucker	
Tabasco	
1/3 TL scharfem Senf	
gehackten Basilikumblättchen	*abschmecken, mit*
1 EL gehackter Petersilie	*bestreuen, die Suppe mit*
1 Becher (150 g) Crème fraîche	*anrichten.*
Pro Portion	*E: 6 g; F: 32 g; Kh: 12 g; kJ: 1562; kcal: 374.*
Tip	*Anstelle von frischen Tomaten können auch Tomaten aus der Dose verwendet werden. Dann erübrigt sich die Zugabe von Tomatenmark.*

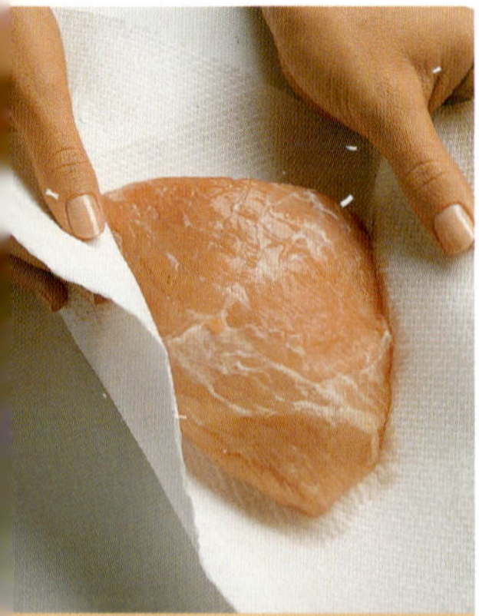

Buntes Reisfleisch

500 g Schweinefleisch	*unter fließendem Wasser abspülen, trockentupfen (Foto 1), in Würfel schneiden*
500 g Tomaten	*kurze Zeit in kochendes Wasser legen (nicht kochen lassen, in kaltem Wasser abschrekken, enthäuten (Foto 2), die Stengelansätze herausschneiden, die Tomaten vierteln*
2 große Paprikaschoten (je 150 g grün und rot)	*halbieren, entstielen, entkernen, die weißen Scheidewände entfernen, die Schoten waschen, in Stücke schneiden*
250 g Zwiebeln	*abziehen, vierteln*
60 g durchwachsenen Speck	*in kleine Würfel schneiden*
2 EL Öl	*erhitzen, Speck darin auslassen, das Fleisch unter Wenden im Bratfett bräunen lassen, Zwiebelviertel und Paprikastücke hinzufügen (Foto 3), etwa 10 Minuten mitschmoren lassen, mit*
Salz **2 EL Tomatenmark** **einigen Spritzern Tabasco** **Paprika, edelsüß**	*würzen*
gehackte Liebstöckelblättchen	*unterrühren, Tomatenviertel*
250 ml (1/4 l) Fleischbrühe	*hinzufügen, etwa 15 Minuten schmoren lassen*
250 g Langkornreis (parboiled) **500 ml (1/2 l) Wasser**	*hinzufügen (Foto 4), gar kochen lassen, das Gericht evtl. abschmecken*
Garzeit	*etwa 50 Minuten.*
Pro Portion	*E: 35 g; F: 29 g; Kh: 60 g; kJ: 2778; kcal: 663.*

Altdeutsche Kartoffelsuppe

700 g mehlig-kochende Kartoffeln	*schälen (Foto 1), waschen*
3 Möhren	*putzen, schälen, waschen*
1 Stück Sellerie	*schälen, waschen*
	die drei Zutaten in kleine Würfel schneiden
50 g Butter	*zerlassen, Möhren- und Selleriewürfel darin kurz andünsten, mit den Kartoffelwürfeln in*
1 l Fleischbrühe	*geben, aufkochen*
1 Zwiebel	*abziehen, das Wurzelwerk abschneiden (Foto 2), mit*
1 Lorbeerblatt	
1 Nelke	*spicken, die Zwiebel in die Brühe geben, zum Kochen bringen, zugedeckt etwa 10 Minuten mitkochen lassen*
1 Stange Porree (Lauch)	*putzen, gründlich waschen, zerschneiden, in die Suppe geben, noch etwa 10 Minuten mitkochen lassen, die gespickte Zwiebel entfernen, die Suppe kurz stampfen, mit*
125 ml (1/8 l) Schlagsahne oder Crème fraîche	*verrühren*
	die Suppe mit
Salz	
weißem Pfeffer	
gerebeltem Majoran	
geriebener Muskatnuß	*würzen*
1/2 Bund Schnittlauch	*abspülen, trockentupfen, fein schneiden (Foto 3), über die Suppe streuen*
1 Brötchen (Semmel)	*in Würfel schneiden*
15 g Butter	*zerlassen, Brötchenwürfel darin rösten (Foto 4), über die Suppe streuen*
Garzeit	*etwa 20 Minuten.*
Pro Portion	*E: 14 g; F: 30 g; Kh: 41 g; kJ: 2099; kcal: 502.*
Tip	*250 g Pfifferlinge putzen, waschen, gut abtropfen lassen. Pifferlinge in 50 g Butter dünsten lassen, in die Suppe geben. Dann nicht mit Majoran würzen.*

Porreecremesuppe

2 Stangen Porree (Lauch)	*putzen, die Stangen halbieren, gründlich waschen, in Stücke schneiden (Foto 1)*
300 g Kartoffeln	*schälen, waschen, in Würfel schneiden (Foto 2)*
1 l Fleischbrühe	*zum Kochen bringen, beide Zutaten und*
1 Lorbeerblatt	
1 Knoblauchzehe	*in die Brühe geben, 20 Minuten kochen lassen, durch ein Sieb streichen (Foto 3), aufkochen, mit*
Salz	
Tabasco	*abschmecken*
1 Becher (150 g) Crème fraîche	*einrühren (Foto 4), erneut abschmecken*
Kochzeit	*20 Minuten.*
Pro Portion	*E: 11 g; F: 18 g; Kh: 17 g; kJ: 1179; kcal:. 282.*
Tip	*Die gleiche Suppe kann mit allen Gemüsen zubereitet werden, die so weich kochen, daß man sie durch ein Sieb streichen kann, also etwa Erbsen, Möhren, Zwiebeln oder Sellerie.*

Champignonsuppe

300 g Champignons	*putzen, mit Küchenpapier abreiben, in Scheiben schneiden*
20 g Butter oder Margarine	*zerlassen, die Pilze darin andünsten, mit*
25 g Weizenmehl	*bestäuben, kurz mitdünsten lassen*
500 ml (1/2 l) Fleisch- oder Gemüsebrühe	*hinzugießen, zum Kochen bringen, gar kochen lassen*
1 Becher (125 g) Crème double	*unterrühren, die Suppe mit*
Salz, Pfeffer	*würzen, mit*
1 EL gehackten Basilikumblättchen	*anrichten*
Kochzeit	*etwa 15 Minuten.*
Pro Portion:	*E: 7 g; F: 21 g, Kh: 8 g, kJ: 1062; kcal: 259.*
Tip	*Die Suppe mit Sherry abschmecken.*

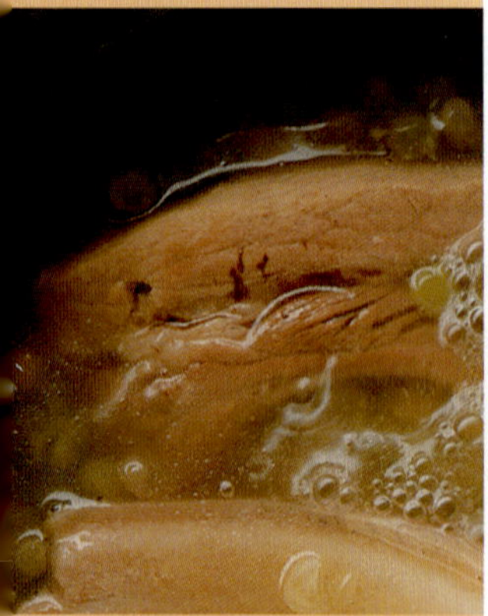

Erbsensuppe mit Mettwürstchen

375 g ungeschälte Erbsen	*waschen, in*
1½ l Wasser	*12–24 Stunden einweichen (Foto 1)*
150 g Schinkenschwarte oder 250 g Schweinebauch	*unter fließendem kaltem Wasser abspülen, mit den Erbsen in dem Einweichwasser zum Kochen bringen (Foto 2), fast weich kochen lassen*
1 Bund Suppengrün	*putzen, waschen, kleinschneiden und separat zu den Erbsen geben, mit*
Salz frisch gemahlenem Pfeffer gerebeltem Liebstöckel	*würzen, aufkochen, erneut 30 Minuten köcheln, abschmecken, die Schinkenschwarten oder den Schweinebauch herausnehmen, die Suppe mit Salz, Pfeffer abschmecken*
375 g Kartoffeln	*schälen, waschen, in Würfel schneiden (Foto 3), in einem getrennten Topf in Salzwasser kochen, abgießen, etwas stampfen, zu den Erbsen geben* *das Fleisch evtl. kleinschneiden (Foto 4), in die Suppe geben*
4 geräucherte Mettwürstchen	*hinzufügen, erwärmen*
Garzeit	*etwa 1½ Stunden.*
Pro Portion	*E: 24 g; F: 23 g; Kh: 21 g; kJ: 1664; kcal: 397.*
Tip	*Eintöpfe eignen sich gut zum Einfrieren, wenn sie eingefroren werden, bevor die Kartoffeln hinzugefügt sind.* *Empfehlenswert ist es, den Eintopf portioniert einzufrieren und vor dem Erhitzen ganz aufzutauen, damit weiteres Garen und Zerkochen der Zutaten vermieden wird. Beim Erhitzen evtl. Flüssigkeit hinzufügen. Auf diese Weise können auch Linsen oder Weiße Bohnen-Eintöpfe zubereitet werden.*

Pichelsteiner

250 g Lammfleisch 250 g Schweinefleisch	*das Fleisch unter fließendem kaltem Wasser abspülen, trockentupfen, in Würfel schneiden*
250 g Möhren	*putzen, schälen*
375 g Kartoffeln	*schälen beide Zutaten waschen, in Würfel schneiden (Foto 1)*
250 g Porree (Lauch – vorbereitet gewogen)	*putzen, in Scheiben schneiden, waschen*
250 g Weißkohl (vorbereitet gewogen)	*putzen, waschen, kleinschneiden (Foto 2)*
40 g Butter	*erhitzen, das Fleisch unter Wenden schwach darin bräunen lassen (Foto 3)*
2 mittelgroße Zwiebeln	*abziehen, halbieren, in Scheiben schneiden, kurz bevor das Fleisch genügend gebräunt ist, die Zwiebelscheiben hinzufügen (Foto 4), kurz miterhitzen, das Fleisch mit*
Salz gerebeltem Majoran gerebeltem Liebstöckel gemahlenem schwarzem Pfeffer	*würzen, Gemüse, Kartoffeln,*
500 ml (1/2 l) Fleischbrühe	*hinzufügen, gar schmoren lassen, den Eintopf mit*
2 EL gehackter Petersilie	*bestreuen*
Garzeit	*etwa 1 Stunde.*
Pro Portion	*E: 31 g; F: 32 g; Kh: 22 g; kJ: 2208; kcal: 527.*

Die gute Sauce ist die Essenz eines Gerichts. Ihre Zubereitung verlangt jedoch Geduld. Bei Fleischsaucen müssen Gemüse und Kräuter mitgeschmort, zum Schluß durch ein Sieb gestrichen und mit Sahne oder einer Einbrenne gebunden werden.

Wird ein Fond zubereitet, dauert es Stunden, bis die Knochen Aroma und Gelatine abgegeben haben. Es lohnt sich daher, Fond in größeren Mengen zuzubereiten und in Portionen einzufrieren.

Kalte Saucen werden aus Essig, Öl, Sahne oder Joghurt zubereitet und dienen meist als Zugabe oder Marinade für Salate oder als Beigabe zu Fleisch und Eiern.

Brauner Fond

Die Zutaten bereitstellen (Foto 1)

500 g Rindfleischknochen und 750 g Kalbsknochen, am besten vom Kalbsfuß *vom Metzger kleinhacken lassen, unter fließendem kaltem Wasser abspülen*

5 EL Speiseöl *in einem Topf erhitzen*
Rindfleischknochen zugeben, bei starker Hitze und ständigem Wenden kräftig anbraten (Foto 2)

2 mittelgroße Möhren
100 g Knollensellerie *putzen, waschen*
1 Zwiebel *abziehen, das Gemüse in Würfel schneiden, mit*
2 EL Tomatenmark *in einen Topf geben, unterheben (Foto 3), 20 Minuten unter gelegentlichem Wenden bräunen, Kalbsknochen hinzugeben*
etwa 3 l Wasser *angießen, so daß alle Zutaten bedeckt sind, bei geringer Hitze köcheln lassen, damit sich die Geschmacksstoffe gut lösen, zwischendurch den Schaum abschöpfen*

1 kleine Stange Porree (Lauch) *putzen, waschen*
1 kleines Bund Petersilie *abspülen, mit*
1 Zweig Thymian
1 Lorbeerblatt *zusammenbinden*
2 Schalotten *abziehen, in Scheiben schneiden*
1 Knoblauchzehe *abziehen, alle Zutaten mit*
6 zerdrückten Wacholderbeeren
6 weißen Pfefferkörnern *in den Topf geben (Foto 4), 4–5 Stunden bei leicht geöffnetem Topf, bei geringer Hitze kochen lassen, die Brühe durch ein Tuch in einen zweiten Topf ablaufen lassen, abkühlen lassen, von der erkalteten Brühe das Fett abheben, die Brühe so weiterverwenden oder so lange einkochen lassen, bis sie geliert*

Kochzeit *4 1/2–5 1/2 Stunden.*
Pro Portion *E: 5 g; F: 9 g; Kh: 6 g; kJ: 528; kcal: 126.*

Bei vielen Gerichten entsteht schon durch ihre Zubereitung die Grundlage für eine gute Sauce.
Für die Gerichte, bei denen das nicht der Fall ist, benötigen Sie einen hellen oder dunklen Fond als Basis für eine würzige, wohlschmeckende Sauce.
Für einen hellen Fond werden Knochen und Fleisch mit Suppengemüse, Wasser, Kräutern und Gewürzen längere Zeit gekocht und reduziert, dabei verdampft das Wasser. Nach dem Abkühlen geliert der Fond und kann löffelweise entnommen werden.

Für den dunklen Fond muß das Brat- oder Schmorgut kräftig angebraten werden. Nach dem Würzen und Ablöschen mit Flüssigkeit (Wasser, Wein oder Brühe) muß diese immer wieder reduziert und aufgefüllt werden. Je öfter dieser Vorgang wiederholt wird, desto kräftiger und besser wird der Saucenfond.

Heller Fond

500 g Kalbsfuß	
500 g Geflügelklein	*unter fließendem kaltem Wasser abspülen*
300 g Bleichsellerie	
200 g Porree (Lauch)	
200 g Champignons	
2 Möhren	*putzen, waschen, in Stücke schneiden*
2 Zwiebeln	*abziehen, in Würfel schneiden, alle Zutaten in einen Topf füllen*
etwa 3 l Wasser	*angießen, so daß die Zutaten bedeckt sind bei geringer Hitze aufkochen, damit sich die Geschmacksstoffe gut lösen können zwischendurch den grauen Schaum abschöpfen, der sich durch Eiweiß und Trübstoffe bildet 3–4 Stunden bei leicht geöffnetem Topf bei geringer Hitze kochen lassen die Brühe durch ein Tuch in einen zweiten Topf ablaufen lassen, abkühlen lassen von der erkalteten Brühe das Fett abheben, die Brühe so weiterverwenden oder so lange einkochen lassen, bis sie geliert*
Kochzeit	*3–4 Stunden.*
Pro Portion	*E: 20 g; F: 16 g; Kh: 4 g; kJ: 1105; kcal: 263.*

Joghurt-Sahne-Sauce

1/2 Becher (100 ml) Schlagsahne	
1/2 Becher (75 g) Joghurt	*mit*
je 1 EL Essig und Zitronensaft	
1 Prise Zucker	*verrühren*
1 abgezogene Knoblauchzehe	*hineinpressen*
1 geh. TL frischen Dill	*unterrühren, mit*
Salz, Pfeffer	*abschmecken.*
Pro Portion	*E: 1 g; F: 8 g; Kh: 3 g; kJ: 406; kcal: 97.*

Béchamelsauce

1 kleine Zwiebel *abziehen, das Wurzelende abschneiden (Foto 1)*
50 g Butter *zerlassen*
20 g Weizenmehl *zusammen mit den Zwiebelwürfeln unter Rühren so lange darin erhitzen, bis das Mehl hellgelb ist (Foto 2)*
250 ml (1/4 l) Milch *hinzufügen (Foto 3)*
125 ml (1/8 l) Fleischbrühe *hinzugießen, mit einem Schneebesen durchschlagen (Foto 4), darauf achten, daß keine Klumpen entstehen*
die Sauce zum Kochen bringen, etwa 10 Minuten köcheln lassen, mit
Salz
frisch gemahlenem Pfeffer *abschmecken*
Kochzeit *etwa 10 Minuten.*
Pro Portion *E: 4 g; F: 13 g; Kh: 8 g; kJ: 717; kcal: 171.*
Tip *Die Sauce durch ein Sieb streichen.*

Helle Grundsauce

25 g Butter *zerlassen*
20 g Weizenmehl *unter Rühren so lange darin erhitzen, bis es hellgelb ist*
375 ml (3/8 l) Kochflüssigkeit oder hellen Grundfond *hinzugießen, mit einem Schneebesen durchschlagen, darauf achten, daß keine Klumpen entstehen*
die Sauce zum Kochen bringen, etwa 15 Minuten kochen lassen, mit
Salz
frisch gemahlenem Pfeffer *würzen*
Kochzeit *etwa 15 Minuten.*
Pro Portion *E: 7 g; F: 6 g; Kh: 5 g; kJ: 396; kcal: 95.*

Saucenvariationen

Helle Grundsaucen lassen sich mit Käse, Kapern, Kräutern, Currypulver, Zitronensaft, Weißwein, Meerrettich, Senf, Tomatenmark und feinen Gemüsestreifen abwandeln.

Dunkle Grundsaucen lassen sich mit gebratenen Zwiebelwürfeln, Johannisbeergelee, Preiselbeergelee, Orangensaft, Sauerkirschen, Orangenmarmelade, grünen, zerdrückten Pfefferkörnern, Rotwein, Madeira, Sherry, Cognac, Senf oder Crème fraîche verfeinern.

Dunkle Grundsauce

25 g Butter	*zerlassen*
20 g Weizenmehl	*unter Rühren so lange darin erhitzen, bis es hell- bis dunkelbraun ist*
375 ml (3/8 l) Kochflüssigkeit oder braunen Fond	*hinzugießen, mit einem Schneebesen durchschlagen darauf achten, daß keine Klumpen entstehen die Sauce zum Kochen bringen, etwa 15 Minuten kochen lassen, mit*
Salz frisch gemahlenem Pfeffer	*würzen*
Kochzeit	*etwa 15 Minuten.*
Pro Portion	*E: 8 g; F: 6 g; Kh: 5 g; kJ: 434; kcal: 103.*

Sauce Hollandaise

200 g Butter	*zerlassen, etwas abkühlen lassen*
2 Eigelb 2 EL Weißwein	*im Wasserbad oder auf der Automatikplatte so lange schlagen, bis die Masse dicklich ist, die etwas abgekühlte Butter unterschlagen, die Sauce mit*
Salz frisch gemahlenem Pfeffer Zitronensaft	*abschmecken, bis zum Verzehr im Wasserbad warm halten, damit sie nicht gerinnt*
Erhitzungszeit:	*etwa 6 Minuten.*
Pro Portion	*E: 2 g; F: 44 g; Kh: 1 g; kJ: 1758; kcal: 420.*

Mayonnaise

	Geräte und Zutaten bereitstellen (Foto 1).
Eigelb	*und*
Eiweiß	*trennen (Foto 2)*
1 Eigelb	*mit*
1 EL Essig oder Zitronensaft	
Salz	
1 gestr. TL Zucker	*in einer Rührschüssel mit einem Schneebesen oder mit einem Handrührgerät (Foto 3) mit Rührbesen zu einer dicklichen Masse schlagen, darunter*
125 ml (1/8 l) Salatöl	*schlagen (bei dieser Zubereitung ist es nicht notwendig, das Öl tropfenweise zuzusetzen, es wird in Mengen von 1–2 Eßlöffel (Foto 4) untergeschlagen, die an das Eigelb angegebenen Gewürze verhindern eine Gerinnung) die Mayonnaise evtl. mit*
Senf	*abschmecken.*
Pro Portion	*E: 1 g; F: 33 g; Kh: 1 g; kJ: 1308; kcal: 312.*
Tip	*Unter die Mayonnaise Joghurt nach Geschmack rühren.*

Aioli

12 Knoblauchzehen	*abziehen, zerdrücken, mit*
1 EL Senf	
1 Eigelb	
Salz	*in einer Rührschüssel gut verrühren*
250 ml (1/4 l) Olivenöl	*zuerst tropfenweise, dann im dünnen Strahl darunter rühren, zwischendurch mit wenig*
Zitronensaft und lauwarmem Wasser	*cremig rühren, zum Schluß*
400 g saure Sahne	
feingehackte Petersilie	
feingehacktes Basilikum	*unterrühren.*
Pro Portion	*E: 5 g; F: 74 g; Kh: 7 g; kJ: 3085; kcal: 737.*

Vinaigrette

(Foto Seite 26/27)

1 kleine Zwiebel	*abziehen, fein würfeln (Foto 1)*
2 hartgekochte Eier	*pellen, kleinhacken*
2 Cornichons	*in feine Würfel schneiden (Foto 2)*
einige Kapern	*hacken*
3 EL Speiseöl	*mit*
2 EL Weißwein-Essig	
1 TL mittelscharfem Senf	*verrühren (Foto 3), die zerkleinerten Zutaten hinzufügen (Foto 4), mit*
Salz	
frisch gemahlenem Pfeffer	*würzen, nach Belieben*
gehackte Kräuter	*unterrühren.*
Pro Portion	*E: 4 g; F: 12 g; Kh: 1 g; kJ: 592; kcal: 141.*
Tip	*Vinaigrette eignet sich für Blatt-, Gemüse-, Fleisch- und Fischsalate.*

Salatsauce I (Marinade)

(Foto Seite 26/27)

3 EL Speiseöl	*mit*
1–2 EL Essig	*verrühren, mit*
Salz	
frisch gemahlenem Pfeffer	
Zucker	*würzen*
1 EL gehackte Kräuter (Petersilie, Estragon, Kerbel, Dill, Kresse, Schnittlauch, Pimpinelle)	*unterrühren.*
Pro Portion	*E: 0 g; F: 9 g; Kh: 1 g; kJ: 371; kcal: 89.*
Tip	*1–2 mittelgroße, abgezogene, gewürfelte Zwiebeln hinzufügen.*

Salatsauce II

1 kleine Zwiebel *abziehen, fein würfeln, mit*
2 EL Schlagsahne
3 EL Speiseöl
2 EL Zitronensaft
oder Essig *verrühren, mit*
Salz
Zucker *würzen*
1 EL gemischte, gehackte Kräuter *unterrühren.*
Pro Portion *E: 0 g; F: 11 g; Kh: 2 g; kJ: 483; kcal: 115.*

Grüne Sauce

1 dickes Bund gemischte Kräuter (Petersilie, Schnittlauch, Kerbel, Kresse, Pimpinelle, Borretsch, Zitronenmelisse) *waschen, in einem Küchentuch trockentupfen (Foto 1), die Blättchen von den Stengeln zupfen (Foto 2), Blätter fein hacken*
1 kleine Zwiebel *abziehen*
1 Gewürzgurke *beide Zutaten würfeln (Foto 3)*
1 Becher (150 g)
saure Sahne *mit*
100 g Joghurt
2 EL Mayonnaise *verrühren, Kräuter, Zwiebel- und Gurkenwürfel unterrühren (Foto 4), mit*
1 TL scharfem Senf
Salz, Pfeffer
Zucker *würzen, bis zum Servieren kalt stellen*
Die Sauce zu gekochten oder pochierten Eiern oder gekochtem Rindfleisch reichen.
Pro Portion *E: 3 g; F: 7 g; Kh: 5 g; kJ: 417; kcal: 100.*
Tip *Sieben Kräuter gehören in die „echte" Frankfurter Grüne Sauce*
Je nach Jahreszeit können Sie die Zusammenstellung variieren. Es lassen sich auch Petersilie und Schnittlauch mit Kräutern aus der Tiefkühltruhe ergänzen.

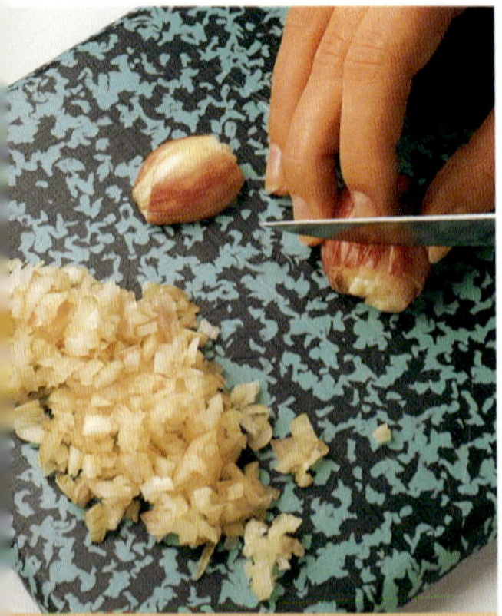

Pilz-Sahne-Sauce

2 Tütchen getrocknete Steinpilze	*in einem Sieb gründlich abspülen, mindestens 2 Stunden in wenig Wasser einweichen*
2 Schalotten	*abziehen, sehr fein würfeln*
1 TL Butter	*zerlassen, Schalottenwürfel darin glasig dünsten, Pilze mit dem Einweichwasser hinzufügen, 30 Minuten köcheln lassen*
2 Becher (je 150 g) Crème double	*hinzugeben, erhitzen*
$^{1}/_{2}$ abgezogene Knoblauchzehe	*in die Sauce pressen, 10 Minuten köcheln, mit*
Salz	
Tabascosauce	*abschmecken.*
Pro Portion	*E: 6 g; F: 33 g; Kh: 10 g; kJ: 1541; kcal: 369.*

Pilz-Tomaten-Sauce

3 Schalotten	*abziehen und ganz fein hacken (Foto 1)*
100 g kleine Shiitake-Pilze oder Champignons	*mit Küchenpapier abreiben, die Stielenden abschneiden, mit den Schalotten in*
125 ml ($^{1}/_{8}$ l) trockenen Weißwein	*geben (Foto 2), so lange einkochen, bis nur noch 2 Eßlöffel Flüssigkeit übrig sind*
250 ml ($^{1}/_{4}$ l) Schlagsahne	*hinzugießen*
250 g Tomaten	*mit kochendem Wasser überbrühen, abschrecken, enthäuten, halbieren, entkernen und grob hacken, Tomaten in die Sauce geben (Foto 3), mit*
Salz, Pfeffer gerebeltem Thymian	*würzen*
1 geh. TL Butter	*mit*
1 geh. TL Weizenmehl	*verkneten, zu einer Kugel formen (Foto 4) und in die kochende Sauce geben, unter Rühren auflösen, um die Sauce zu binden.*
Pro Portion	*E: 5 g; F: 21 g; Kh: 26 g; kJ: 1429; kcal: 342.*

Käsesauce

30 g Margarine *zerlassen*
25 g Weizenmehl *unter Rühren so lange darin erhitzen (Foto 1), bis es hellgelb ist*
375 ml (3/8 l) Fleischbrühe *hinzugießen, mit einem Schneebesen durchschlagen, darauf achten, daß keine Klümpchen entstehen (Foto 2)*
150 g Schmelzkäse *unterrühren (Foto 3), die Sauce zum Kochen bringen, etwa 10 Minuten kochen lassen, mit*
Salz
Zitronensaft *abschmecken (Foto 4).*
Pro Portion *E: 9 g; F: 18 g; Kh: 8 g; kJ: 994; kcal: 238.*
Veränderung *Anstelle von 375 ml (3/8 l) Brühe 375 ml (3/8 l) Milch nehmen.*
Tip *Die Käsesauce zu Blumenkohl, Rosenkohl, Broccoli oder zu Fleisch, z. B. Schweinemedaillons, reichen.*

Edelpilz-Käsesauce

2 Becher (je 150 g) Crème double *erhitzen*
100 g Edelpilzkäse, z. B. Roquefort, Gorgonzola
2 EL Wasser *hinzugeben, Käse in der Sauce schmelzen*
1/2 abgezogene Knoblauchzehe *hineinpressen, 5 Minuten köcheln lassen, mit*
Salz
Tabascosauce *abschmecken.*
Garzeit *5 Minuten.*
Pro Portion *E: 8 g; F: 38 g; Kh: 4 g; kJ: 1694; kcal: 405.*
Tip *Edelpilz-Käsesauce zu Nudeln oder gebratenen Hähnchenbrüsten reichen.*

Wie Milch, Fleisch und Brot gehört Fisch seit ewigen Zeiten zu den bedeutendsten Lebensmitteln.

Fisch enthält biologisch hochwertiges Eiweiß. Fast alle Fische sind, wenn sie entsprechend zubereitet werden, leicht verdaulich. Der Fettgehalt ist sehr unterschiedlich und schwankt zwischen 1–3 Prozent bei Magerfischen und 20 Prozent bei Fettfischen. Darüber hinaus enthalten Fische wichtige Mineralstoffe, Spurenelemente und Vitamine, insbesondere Jod, Vitamin A und Vitamin D.

Matjesfilet nach Hausfrauen-Art

(Foto Seite 38/39)

6 Matjesfilets	*1–2 Stunden wässern, trockentupfen, in etwa 2 cm große Stücke schneiden (Foto 1).*
	Für die Sahnesauce
2 kleine Zwiebeln	*abziehen*
2 kleine Äpfel	*vierteln, entkernen und schälen*
2 Gewürzgurken	
	alle Zutaten in Ringe bzw. Scheiben schneiden (Foto 2)
1 Becher (150 g) Joghurt	
1 Becher (200 ml) Schlagsahne	*verrühren, schwach mit*
Salz	*abschmecken, Zwiebel-, Apfel- und Gurkenscheiben hinzufügen (Foto 3)* *die Matjesfilets in die Sauce legen, etwa 24 Stunden darin ziehen lassen.*
Pro Portion	*E: 22 g; F: 45 g; Kh: 9 g; kJ: 2363; kcal: 565.*
Beilage	*Pell-, Salz- oder Bratkartoffeln.*
Tip	*Der Wohlgeschmack der Sauce erhöht sich noch, wenn ihr 1 Eßlöffel frische Dillblättchen beigegeben wird (Foto 4).*

Gebratene Grüne Heringe

4 küchenfertige Grüne Heringe (je 250 g)	*unter fließendem kalten Wasser abspülen, trockentupfen*
2 EL Weizenmehl	*mit*
Salz	
Pfeffer	*mischen, die Heringe darin wenden*
5 EL Speiseöl	*erhitzen, die Heringe von beiden Seiten darin braten*
Bratzeit:	*6–8 Minuten.*
Pro Portion	*E: 32 g; F: 41 g; Kh: 4 g; kJ: 2312; kcal: 553.*
Beilage:	*Bratkartoffeln oder Kartoffelsalat oder Pellkartoffeln.*

Heringssalat

250 g Kartoffeln	*waschen, in*
Wasser	*zum Kochen bringen, etwa 20 Minuten kochen, abgießen, pellen, würfeln*
250 g Rote Bete	*in kaltem Wasser bürsten (Foto 1), mit Schale in Wasser zum Kochen bringen (Foto 2), etwa 1 Stunde kochen, abgießen, pellen (dazu möglichst Gummihandschuhe anziehen, da die Rote Bete stark färbt – Foto 3), Rote Bete in Würfel schneiden*
250 g Äpfel	*schälen, das Kerngehäuse entfernen, die Äpfel würfeln*
250 g Gewürz-gurken	
250 g Matjesfilets	*beide Zutaten würfeln (Foto 4)*
1 Zwiebel	*abziehen, fein hacken, mit*
1/4 TL Salz	*bestreuen, 10 Minuten stehen lassen, anschließend mit*
1 TL Senf	
1/2 TL Zucker	*verrühren*
5 EL Mayonnaise	*unterrühren, vorsichtig mit den anderen Zutaten vermengen den Salat am besten über Nacht durchziehen lassen.*
Pro Portion	*E: 3 g; F: 5 g; Kh: 23 g; kJ: 656; kcal: 156.*
Tip	*Der Heringssalat läßt sich noch verfeinern, wenn 3 Eßlöffel gehackte Walnußkerne untergerührt werden.*

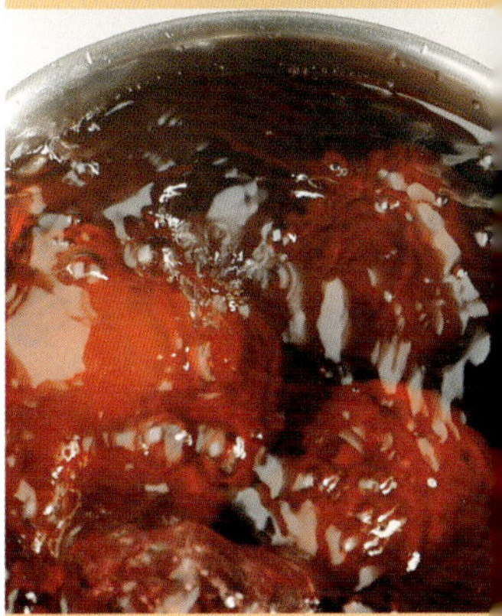

Eingelegte Bratheringe

4 küchenfertige, mittelgroße Grüne Heringe (je 250 g)	*unter fließendem kaltem Wasser abspülen (Foto 1), schuppen (Foto 2), trockentupfen*
20 g Weizenmehl	*mit*
Salz	*mischen, die Heringe darin wenden (Foto 3)*
6 EL Speiseöl	*in einer Bratpfanne erhitzen (Foto 4), die Heringe von beiden Seiten darin goldbraun braten*
2 mittelgroße Zwiebeln	*abziehen, in Scheiben schneiden, mit den Heringen,*
1 EL Senfkörnern 8 Pfefferkörnern einigen Pimentkörnern (Nelkenpfeffer) 2 Gewürznelken	*in einen Steintopf legen*
250 ml (1/4 l) Essig	*mit*
125 ml (1/8 l) Wasser	*verrühren, darüber gießen die Heringe können nach 4–6 Tagen gegessen werden*
Bratzeit	*6–8 Minuten.*
Pro Portion	*E: 33 g; F: 45 g; Kh: 8 g; kJ: 2565; kcal: 613.*
Tip	*Die Heringe ziehen schneller durch, wenn das Wasser für die Marinade heiß ist, die Marinade also warm über die Heringe gegossen wird.*

Muscheln in Weinsud

2 kg Miesmuscheln *in reichlich kaltem Wasser gründlich waschen, einzeln abbürsten, bis sie nicht mehr sandig sind (Muscheln, die sich beim Waschen nicht öffnen, sind nicht genießbar)*

2 mittelgroße Zwiebeln *abziehen, in Ringe schneiden*

1 Bund Suppengrün *putzen, waschen, grob zerkleinern*

50 g Butter *zerlassen, Zwiebeln und Suppengrün kurz darin andünsten*

500 ml (1/2 l) trockenen Weißwein *hinzugießen, mit*

Salz

frisch gemahlenem Pfeffer *würzen, einmal aufkochen lassen die Muscheln hinzufügen, so lange darin erhitzen (nicht kochen lassen), bis sie sich öffnen (Muscheln, die sich nach dem Garen nicht öffnen, sind ungenießbar), die Muscheln in einer vorgewärmten Schüssel anrichten, die Brühe nochmals mit den Gewürzen abschmecken, zu den Muscheln reichen*

Garzeit *etwa 10 Minuten.*

Pro Portion *E: 26 g; F: 13 g; Kh: 11 g; kJ: 1523; kcal 361.*

Beilage *Vollkornbrot mit Butter.*

Garen von Fisch

Für die Zubereitung von Fisch sind folgende Garmethoden geeignet:
Garen im Sud,
Dünsten, Dämpfen,
Braten, Backen,
Räuchern.

Fisch ist gar, wenn
- *sich die Flossen und Gräten leicht heausziehen lassen;*
- *sich die Haut vom Fischfleisch leicht abheben läßt;*
- *sich beim Druck mit der Gabel das Fischfleisch schuppenförmig löst;*
- *die Augen heraustreten und trüb gefärbt sind.*

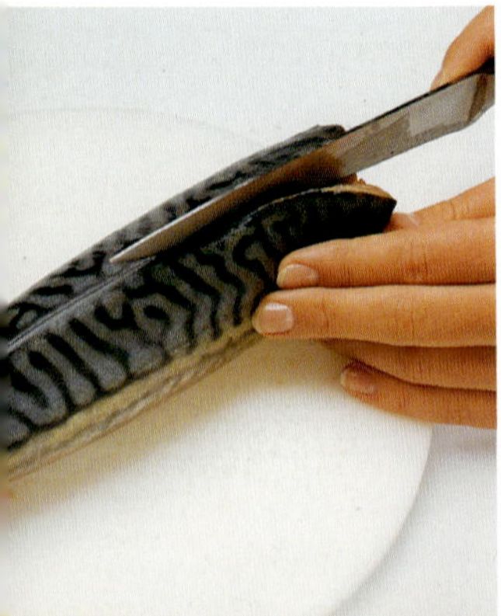

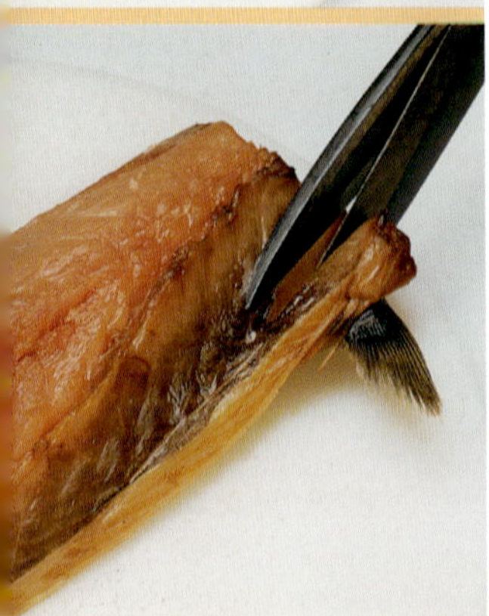

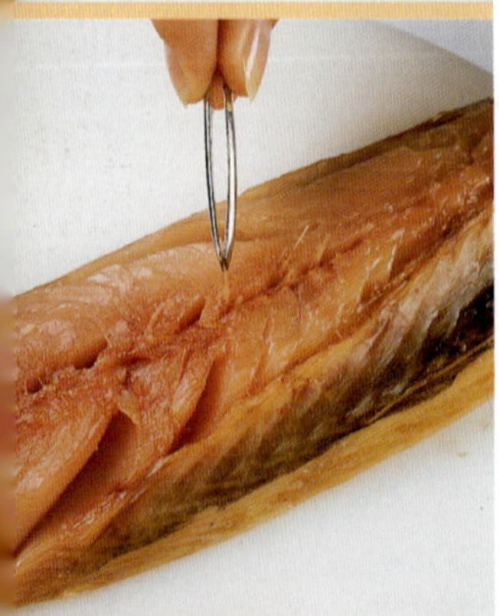

Gebratene Makrelenfilets mit Dillbutter

(Foto)

2 Makrelen	*mit einem scharfen Messer längs der Rückengräte einschneiden (Foto 1), die Filets mit dem Messer abheben, Flossen mit der Küchenschere abschneiden (Foto 2) und die verbleibenden Gräten aus den Filets zupfen (Foto 3)*
20 g Weizenmehl	*mit*
wenig Salz	*vermengen, Filets darin wenden*
4 EL Olivenöl	*erhitzen, Makrelenfilets von beiden Seiten etwa 5 Minuten braten, warm stellen.*
	Für die Dillbutter
100 g weiche Butter	
1 EL frische Dillblättchen	*miteinander verkneten*
einige Tropfen Zitronensaft	*einarbeiten, mit*
Salz	*abschmecken*
	Dillbutter auf die gebratenen Makrelenfilets geben (Foto 4)
Bratzeit	*etwa 5 Minuten.*
Pro Portion	*E: 32 g; F: 52 g; Kh: 4 g; kJ: 2713; kcal: 649.*

Speckschollen

4 küchenfertige Schollen (je etwa 300 g)	*evtl. unter fließendem kalten Wasser abspülen, trockentupfen, mit*
Zitronensaft	*beträufeln, trockentupfen, mit*
Salz	
frisch gemahlenem Pfeffer	*bestreuen, in*
40 g Weizenmehl	*wenden*
2 EL Speiseöl	*in einer großen Pfanne erhitzen*
etwa 200 g mageren, durchwachsenen Speck	*in Würfel schneiden, darin ausbraten, die Speckwürfel herausnehmen, warm stellen, die Schollen in dem Speckfett von beiden Seiten braun braten*

(Fortsetzung Seite 46)

	auf einer vorgewärmten Platte anrichten, die Speckwürfel darübergeben, die Schollen mit
Zitronenachteln	
Dillzweigen	*garnieren*
Bratzeit	*etwa 15 Minuten.*
Pro Portion	*E: 38 g; F: 40 g; Kh: 8 g; kJ: 2407; kcal: 575.*
Beilage	*Salzkartoffeln, Feldsalat.*

Gebratenes Rotbarschfilet

4 Rotbarsch-filets (600 g)	*unter fließendem kaltem Wasser abspülen, trockentupfen, mit*
2 EL Zitronensaft	*beträufeln, mit*
Salz	
frisch gemahlenem	
Pfeffer	*bestreuen*
1 Ei	*mit*
2 EL kaltem	
Wasser	*verschlagen*
	die Filets zunächst in
40 g Weizenmehl	*wenden (Foto 1), dann in dem verschlagenen Ei, zuletzt in*
75 g Semmel-brösel	*wenden*
40 g Pflanzenfett	*erhitzen (Foto 2), die Filetstücke von beiden Seiten darin goldbraun braten (Foto 3), Fischfilet auf Haushaltspapier abtropfen lassen (Foto 4)*
Bratzeit	*8–10 Minuten.*
Pro Portion	*E: 39 g; F: 11 g; Kh: 16 g; kJ: 1447; kcal: 346.*
Tip	*Anstelle von Rotbarschfilet, Seelachs-, Blauleng-, Kabeljaufilet verwenden.*

Ausgebackener Fisch

600 g Fischfilet, z. B. Rotbarsch, Schellfisch, Kabeljau, Seelachs *unter fließendem kaltem Wasser abspülen, trockentupfen (Foto 1), mit*

Zitronensaft oder Essig *beträufeln, trockentupfen, mit*

Salz

frisch gemahlenem Pfeffer *bestreuen.*

Für den Teig

100 g Weizenmehl *in eine Schüssel sieben, in die Mitte eine Vertiefung drücken*

1 Ei *mit*

Salz

125 ml (1/8 l) Milch *verschlagen, etwas davon in die Vertiefung geben*

von der Mitte aus Eiermilch und Mehl verrühren, nach und nach die restliche Eiermilch,

1 EL Speiseöl oder zerlassene Butter *hinzugeben, darauf achten, daß keine Klumpen entstehen, die Filetstücke mit einer Gabel in den Teig tauchen (Foto 2), schwimmend in*

siedendem Ausbackfett *braun und knusprig backen (Foto 3), auf Haushaltspapier abtropfen lassen (Foto 4)*

Backzeit *etwa 10 Minuten.*

Beilage *Kartoffelsalat.*

Pro Portion *E: 39 g; F: 18 g; Kh: 56 g; kJ: 2460; kcal: 587.*

Tip *Hohe Erhitzbarkeit und Geschmacksneutralität des Fettes sind beim Fritieren von größter Wichtigkeit. Mit einem guten Fritierfett können Pommes frites, Fisch, Gemüse, Gebäck und Obst in beliebiger Reihenfolge bei Beachtung der vorgeschriebenen Temperaturen fritiert werden, ohne daß sich der Geschmack überträgt.*

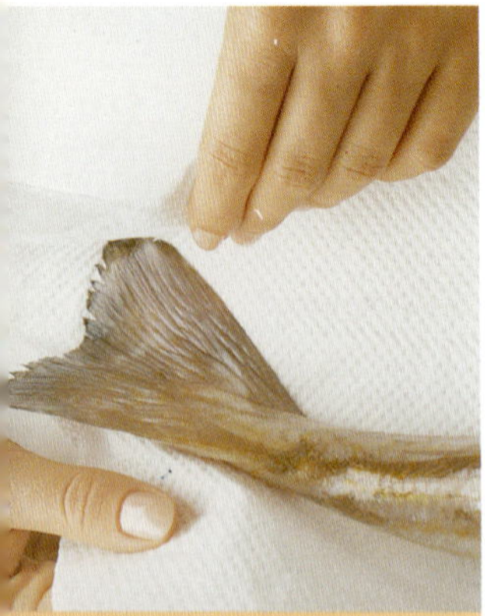

Gedünsteter Kabeljau

1 kg küchenfertigen Kabeljau, (im Stück oder geteilt)	*unter fließendem kaltem Wasser abspülen, trockentupfen (Foto 1), mit*
2 EL Zitronensaft	*beträufeln (Foto 2)*
250 ml ($^1/_4$ l) Wasser	*mit*
1 Päckchen (75 g) tiefgekühltem Suppengrün	
1 Lorbeerblatt	
10 Pfefferkörnern	
3 Gewürznelken	
5 Pimentkörnern	
1 abgezogenen, gewürfelten Zwiebel	
1 TL Salz	
1 EL Essig	*in einem Dämpftopf geben, den Fisch auf dem Einsatz hineingeben (Foto 3), zum Kochen bringen, gar ziehen lassen den Fisch auf einer vorgewärmten Platte anrichten (Foto 4)*
Kochzeit	*etwa 15 Minuten.*
Pro Portion	*E: 55 g; F: 3 g; Kh: 5 g; kJ: 1655; kcal: 395.*
Beilage	*Zerlassene Butter, Salzkartoffeln.*
Tip	*Anstelle von Kabeljau folgende Fische verwenden: Schellfisch, Seelachs, Rotbarsch.*

Forellen mit Mandelsauce

4 küchenfertige Forellen (je 150–200 g)	*unter fließendem, kaltem Wasser abspülen, trockentupfen, innen und außen mit*
Zitronensaft	*beträufeln, trockentupfen, mit*
Salz	*würzen, in*
Weizenmehl	*wenden (Foto 1)*
50 g Butter oder Margarine	*zerlassen, die Fische von beiden Seiten darin braten, auf einer vorgewärmten Platte anrichten, warm stellen.*
	Für die Mandelsauce
50 g Spaltmandeln	*in dem Bratfett bräunen (Foto 2)*
125 ml (1/8 l) Wasser	
125 ml (1/8 l) Schlagsahne	*hinzugießen, mit dem Bratfett verrühren (Foto 3)*
1 EL Weizenmehl	*mit*
2 EL kaltem Wasser	*anrühren, unter Rühren in die Flüssigkeit geben, zum Kochen bringen, etwa 5 Minuten kochen lassen die Sauce mit Salz,*
frisch gemahlenem Pfeffer	
Paprika edelsüß	
1–2 EL Sherry	*abschmecken, zum Fisch reichen, die Forellen mit*
Zitronenscheiben	
Petersilie	*garnieren (Foto 4)*
Bratzeit für den Fisch	*etwa 6 Minuten*
Kochzeit für die Sauce	*etwa 5 Minuten.*
Pro Portion	*E: 23 g; F: 28 g; Kh: 6 g; kJ: 1682; kcal: 402.*
Beigabe	*Dillkartoffeln, Chicoréesalat.*

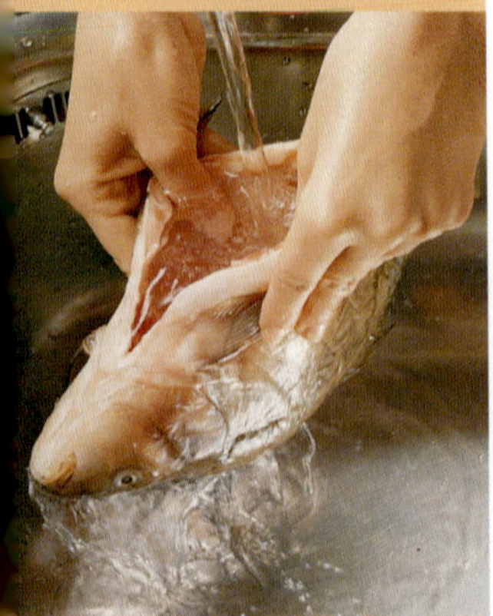

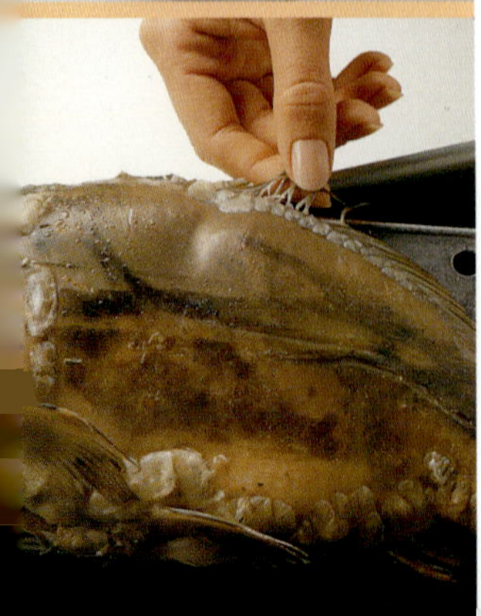

Karpfen blau

2 l Wasser	*mit*
1 Päckchen (75 g) tiefgekühltem Suppengrün 1 Lorbeerblatt 10 Pfefferkörnern 3 Gewürznelken 5 Pimentkörnern (Nelkenpfeffer) 1 mittelgroßen, abgezogenen Zwiebel 2 schwach gehäuften EL Salz 6 EL Essig	*zum Kochen bringen (Foto 1), etwa 5 Minuten kochen lassen*
1 1/4 kg küchenfertigen Karpfen	*unter fließendem kaltem Wasser abspülen (Foto 2), auf einem Einsatz in das kochende Wasser geben (Foto 3), Topf sofort zudecken, zum Kochen bringen, gar ziehen lassen, der Fisch ist gar, wenn sich die Rückenflosse leicht herausziehen läßt (Foto 4), den garen Fisch auf einer vorgewärmten Platte anrichten*
Kochzeit	*30–35 Minuten.*
Pro Portion	*E: 57 g; F: 16 g; Kh: 4 g; kJ: 1756; kcal: 420.*
Tip	*Anstelle von Karpfen folgende Fische verwenden: 4 Forellen, je 300 g (rund gebunden) oder 4 Schleien.*
Kochzeit	*20–25 Minuten.*

Fischröllchen in Weinsauce

4 Schollenfilets (etwa 750 g) *evtl. unter fließendem kaltem Wasser abspülen, trockentupfen, mit*
Zitronensaft *beträufeln (Foto 1), trockentupfen, mit*
Salz
frisch gemahlenem Pfeffer *bestreuen, die Schollenfilets längs halbieren, so daß 8 Hälften entstehen, aufrollen (Foto 2), mit Holzstäbchen feststecken, in eine gefettete Auflaufform legen (Foto 3).*

Für die Weinsauce
30 g Butter *zerlassen (Foto 4)*
25 g Weizenmehl *unter Rühren so lange darin erhitzen, bis es hellgelb ist*
250 ml (1/4 l) Weißwein
125 ml (1/8 l) Schlagsahne *hinzugießen, mit einem Schneebesen durchschlagen, darauf achten, daß keine Klümpchen entstehen, die Sauce zum Kochen bringen, mit Salz*
1 EL Zitronensaft
Zucker *abschmecken, über die Fischröllchen gießen*
100 g Shrimps *darauf verteilen*
40 g Butter *in Flöckchen auf die Schollenröllchen verteilen die Form auf dem Rost in den Backofen schieben*
Ober-/Unterhitze *170–200 °C (vorgeheizt)*
Heißluft *150–170 °C (nicht vorgeheizt)*
Gas *Stufe 3–4 (vorgeheizt)*
Backzeit *15–20 Minuten.*
Pro Portion *E: 86 g; F: 28 g; Kh: 9 g; kJ: 3032; kcal: 724.*
Tip *Anstatt Schollenfilet kann auch Seezungenfilet verwendet werden.*

Fleisch hat in unserer Küche einen hohen Stellenwert. Es kann von Rindern, Kälbern, Schweinen oder Lämmern stammen. Rindfleisch muß gut abgehangen sein. Sonst bleibt es beim Garen zäh.

Kalbfleisch stammt von 4–12 Wochen alten Tieren. Es sollte hellrot und saftig und mit weißem Fett bedeckt sein.

Schweinefleisch ist blaß- bis rosarot und sollte gleichmäßig mit wenig Fett durchsetzt sein.

Unter Geflügel wird das Fleisch von Huhn, Gans, Ente oder Pute verstanden.

Wildfleisch ist sehr fettarm und hat einen besonders pikanten Geschmack.

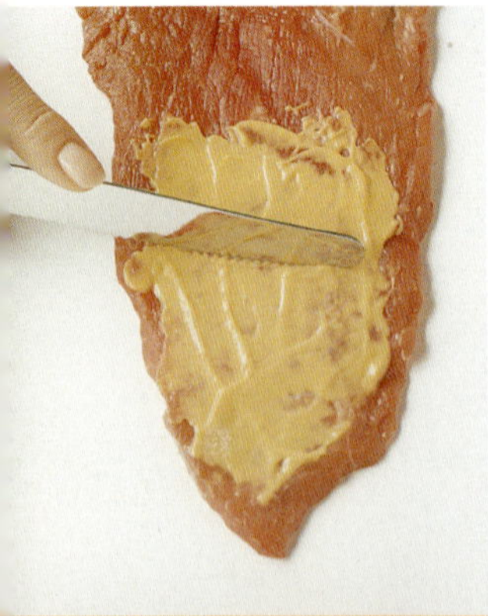

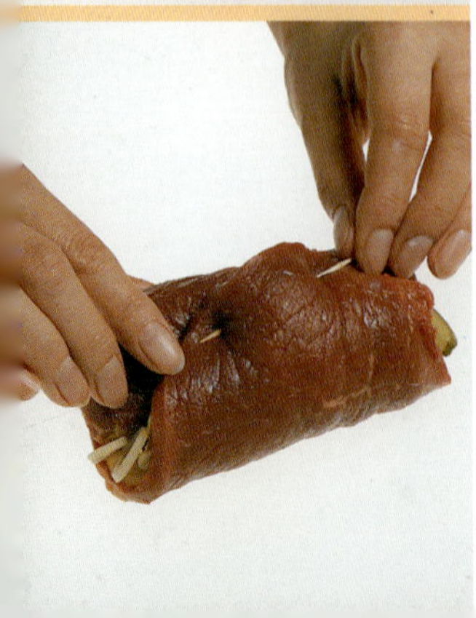

Rinderrouladen

(Foto Seite 54/55)

4 Scheiben Rindfleisch (je etwa 180 g aus der Keule geschnitten)	*leicht klopfen, mit*
Senf	*bestreichen (Foto 1), mit*
Salz, Pfeffer	*bestreuen*
1 Gewürzgurke	*längs halbieren, in schmale Streifen schneiden*
60 g durchwachsenen Speck	*in Streifen schneiden*
2 Zwiebeln	*abziehen, halbieren, in Scheiben schneiden die Zutaten auf die Fleischscheiben geben (Foto 2),von der schmalen Seite her aufrollen (Foto 3), mit Zahnstochern, einer Bratennadel oder Küchengarn zusammenhalten (Foto 4)*
2 EL Schweineschmalz	*in einem Schmortopf erhitzen, die Rouladen von allen Seiten gut darin anbraten*
etwas heißes Wasser	*hinzugießen, die Rouladen etwa 30 Minuten schmoren lassen*
1 Bund Suppengrün	*putzen, waschen, kleinschneiden, zu den Rouladen geben, mitschmoren lassen, von Zeit zu Zeit wenden, verdampfte Flüssigkeit nach und nach durch*
etwa 250 ml ($^{1}/_{4}$ l) Fleischbrühe oder braunen Fond (Seite 26)	*ersetzen aus den Rouladen die Zahnstocher oder Bratennadeln ziehen oder das Küchengarn entfernen die Schmorflüssigkeit mit dem Suppengrün durch ein Sieb streichen*
1–2 EL Crème fraîche	*unterrühren, einmal aufkochen lassen, die Sauce mit Salz, Pfeffer abschmecken*
Schmorzeit	*etwa $1^{1}/_{2}$ Stunden.*
Pro Portion	*E: 41 g; F: 41 g; Kh: 4 g; kJ: 2461; kcal: 588.*
Beilage	*Salzkartoffeln, gemischter Salat oder Kartoffelklöße und Rotkohl.*

Rumpsteaks mit Zwiebeln

4 große Zwiebeln	*abziehen, halbieren, in Scheiben schneiden (Foto 1)* *bei*
4 Rumpsteaks (je 200 g)	*das Bindegewebe (Fett) an den Rändern etwas einschneiden (Foto 2)*
50 g Speiseöl	*erhitzen, das Fleisch hineinlegen, nachdem die untere Seite gebräunt ist, das Fleisch wenden, mit*
Salz frisch gemahlenem Steak-Gewürz	*bestreuen* *die Fleischscheiben öfter mit Bratfett begießen (Foto 3), damit sie saftig bleiben* *die Steaks auf einer vorgewärmten Platte anrichten, warm stellen* *die Zwiebelscheiben in das Bratfett geben, mit Salz, Pfeffer würzen, unter Wenden bräunen lassen, auf die Steaks geben (Foto 4)*
Bratzeit für das Fleisch	*6–8 Minuten*
für die Zwiebeln	*8–10 Minuten.*
Pro Portion	*E: 36 g; F: 57 g; Kh: 2 g; kJ: 2941; kcal: 702.*
Beilage	*Weißbrot oder Pommes frites und frische Salate.*

Fleisch ist eine wichtige Quelle für hochwertiges Eiweiß. Dabei gilt, daß je mehr Eiweiß eine Fleischsorte enthält, desto geringer der Fettanteil ist. Fleisch ist wichtig für die Versorgung des Körpers mit Eisen, da der Mensch tierisches Eisen gut verwerten kann.

Fleisch ist sehr sättigend. Durch einen hohen Anteil an Fleisch- und Fleischprodukten in der Nahrung kann es jedoch zu einer überhöhten Aufnahme von Fett, Cholesterin, Purinen und Kochsalz kommen.

Fleisch ist ein frisches Produkt, das möglichst am Einkaufstag zubereitet werden sollte. Man kann es kurzfristig auch im Kühlschrank aufbewahren. Es wird ausgepackt und in einer Glas- oder Porzellanschüssel, die mit einem Teller abgedeckt wird, in den Kühlschrank gestellt. Das Fleisch kann auch in einer Marinade eingelegt werden. Es wird dadurch mürber und würziger. Will man Fleisch länger aufbewahren, sollte es eingefroren werden.

Gekochte Rinderbrust

500 g Fleischknochen	*unter fließendem kaltem Wasser abspülen, in*
1 1/2 l kaltes Salzwasser	*geben, zum Kochen bringen, etwa 1 Stunde kochen lassen, Brühe durch ein Sieb gießen*
600 g Rinderbrust (ohne Knochen)	*unter fließendem kaltem Wasser abspülen*
1 mittelgroße Zwiebel	*abziehen*
1 Bund Suppengrün	*putzen, waschen, etwas kleinschneiden*
2 Lorbeerblätter	*die Zutaten mit dem Fleisch in die Brühe geben, gar ziehen lassen, aus der Brühe nehmen, 10 Minuten ruhen lassen, damit sich der Fleischsaft setzt, das Fleisch in Scheiben schneiden, auf einer vorgewärmten Platte anrichten, mit etwas heißer Brühe übergießen, mit dem geschnittenen Suppengrün garnieren*
Kochzeit	*etwa 2 1/2 Stunden.*
Pro Portion	*E: 29 g; F: 22 g; Kh: 2 g; kJ: 1347; kcal: 321.*
Beilage	*Gedünstetes Gemüse, Meerrettichsauce, Grüne Sauce, Salzkartoffeln.*

Sauerbraten

750 g Rindfleisch (aus der Keule, ohne Knochen)	*unter fließendem kaltem Wasser abspülen, trockentupfen, in eine Schüssel legen.*
	Für die Marinade
2 mittelgroße Zwiebeln	*abziehen, in Scheiben schneiden*
1 Bund Suppengrün	*putzen, waschen, kleinschneiden, mit*
5 Wacholderbeeren	
15 Pfefferkörnern	
5 Pimentkörnern (Nelkenpfeffer)	
3 Gewürznelken	
1 Lorbeerblatt	

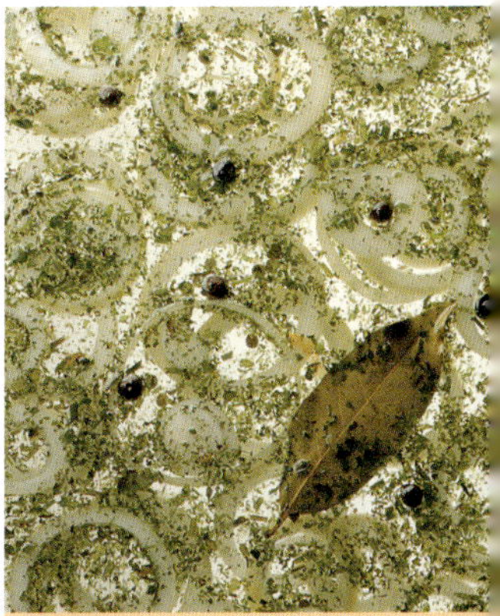

250 ml (1/4 l) Weinessig 250 ml (1/4 l) Wasser	*verrühren (Foto 1), über das Fleisch gießen (Fleisch muß bedeckt sein), mit einem Deckel abdecken (Foto 2), etwa 4 Tage an einem kühlen Ort stehen lassen, das Fleisch ab und zu wenden, das genügend gesäuerte Fleisch abtrocknen*
30 g Öl oder Pflanzenfett	*erhitzen, das Fleisch von allen Seiten gut darin anbraten, mit*
Salz frisch gemahlenem Pfeffer	*bestreuen, das abgetropfte Suppengrün,*
50 g verlesene Rosinen	*hinzufügen, mitbraten lassen*
375 ml (3/8 l) Marinade	*abmessen, hinzufügen, etwas davon zu dem Fleisch gießen, das Fleisch schmoren lassen, von Zeit zu Zeit wenden, verdampfte Flüssigkeit nach und nach ersetzen*
2 Tomaten	*waschen, die Stengelansätze herausschneiden, die Tomaten kleinschneiden, nach etwa 1 Stunde Schmorzeit hinzufügen, mitschmoren lassen, durch ein Sieb streichen*
100 g Pumpernickel	*zerbröseln (Foto 3), in einem kleinen Topf 15 Minuten köcheln, durch ein Sieb in die Sauce streichen, 10 Minuten mitköcheln, das gare Fleisch vor dem Schneiden etwa 10 Minuten „ruhen" lassen, damit sich der Fleischsaft setzt, das Fleisch in Scheiben schneiden, auf einer vorgewärmten Platte anrichten, den Bratensatz durch ein Sieb streichen (Foto 4), die Sauce mit Salz, Pfeffer,*
Zucker	*abschmecken*
Schmorzeit	*etwa 2 1/2 Stunden.*
Pro Portion	*E: 44 g; F: 30 g; Kh: 26 g; kJ: 2499; kcal: 597.*
Beilage	*Backobst, Makkaroni oder Salzkartoffeln, Rotkohl.*

Gekräutertes Roastbeef

(6–8 Portionen)

1,5 kg Roastbeef (ohne Knochen)	*unter fließendem kaltem Wasser abspülen, trockentupfen, das Fleisch etwas einritzen (Foto 1) und mit*
Salz **frisch gemahlenem Pfeffer**	*würzen (Foto 2)*
1 Knoblauchzehe	*abziehen, fein würfeln*
30 g Rindermark	*pürieren (Foto 3), mit dem Knoblauch,*
4 EL gemischten, gehackten Kräutern (Thymian, Rosmarin, Salbei, Majoran)	*vermengen, das Roastbeef damit bestreichen (Foto 4) und über Nacht abgedeckt kühl stellen, das Fleisch in eine Fettpfanne legen und mit*
2 EL Semmelbröseln	*bestreuen, die Pfanne auf dem Rost in den Backofen schieben*
Ober-/Unterhitze	*etwa 250 °C (vorgeheizt)*
Heißluft	*etwa 220 °C (nicht vorgeheizt)*
Gas	*Stufe 5–6 (vorgeheizt)*
Backzeit	*30–40 Minuten.*
Tip	*Bratkartoffeln, Bohnen und Salat als Beilage reichen.*
Pro Portion	*E: 50 g; F: 10 g; Kh: 3 g; kJ: 1259; kcal: 301.*

Kasseler Rippenspeer

(6 Portionen)

$1^1/_2$ kg Kasseler Rippenspeer (mit Knochen, herausgelöst, und zerkleinert)	*unter fließendem kaltem Wasser abspülen, trockentupfen, die Fettschicht gitterförmig einschneiden (Foto 1)*
1 Zwiebel	*abziehen*
1 Tomate	*waschen, den Stengelansatz herausschneiden*
1 Bund Suppengrün	*putzen, waschen*
	die drei Zutaten kleinschneiden
	das Fleisch mit der Fettschicht nach oben in eine mit Wasser ausgespülte Rostbratpfanne legen (Foto 2), Gemüse und Knochen mit in die Pfanne geben, in den vorgeheizten Backofen schieben
Ober-/Unterhitze	*200–220 °C (vorgeheizt)*
Heißluft	*180–200 °C (nicht vorgeheizt)*
Gas	*Stufe 3–4 (vorgeheizt)*
Bratzeit	*50–60 Minuten*
heißes Wasser	*sobald der Bratensatz bräunt, etwas hinzugießen, das Fleisch ab und zu mit dem Bratensatz begießen, verdampfte Flüssigkeit nach und nach durch heißes Wasser ersetzen*
1 Lorbeerblatt	
4 Gewürznelken	*30 Minuten vor Beendigung der Bratzeit in die Rostbratpfanne geben, das gare Fleisch vor dem Schneiden 10 Minuten „ruhen" lassen, damit sich der Fleischsaft setzt, den Bratensatz mit etwas Wasser loskochen (Foto 3), durch ein Sieb gießen, mit Wasser auf 500 ml ($^1/_2$ l) auffüllen, auf der Kochstelle zum Kochen bringen*
25 g Weizenmehl	*mit*
$^1/_2$ Becher (75 g) Crème fraîche	*verrühren (Foto 4), die Flüssigkeit damit binden, die Sauce mit*
Salz, Pfeffer	*abschmecken*
Pro Portion	*E: 58 g; F: 51 g; Kh: 9 g; kJ: 3262; kcal: 779.*
Beilage	*Salzkartoffeln, Ananas-Sauerkraut.*
Tip	*Kasseler Rippenspeer kann auch in einem Topf auf der Kochplatte zubereitet werden.*

Gulasch

500 g schieres Rindfleisch (ohne Knochen)	*unter fließendem kaltem Wasser abspülen, trockentupfen, in Würfel schneiden*
30 g Öl oder Pflanzenfett	*erhitzen, das Fleisch in Portionen von allen Seiten gut darin anbraten (Foto 1)*
500 g Zwiebeln	*abziehen, halbieren, in Scheiben schneiden, mitbräunen lassen (Foto 2), das Fleisch mit*
Salz frisch gemahlenem Pfeffer Paprika, edelsüß	*würzen*
2 schwach geh. EL Tomatenmark	*hinzufügen (Foto 3)*
375 ml (3/8 l) heißes Wasser	*hinzugießen (Foto 4), das Fleisch gar schmoren lassen das Gulasch mit Salz, Pfeffer, Paprika,*
1–2 Spritzen Tabasco	*abschmecken*
Schmorzeit	*etwa 1 Stunde.*
Pro Portion	*E: 28 g; F: 22 g; Kh: 8 g; kJ: 1517; kcal: 362.*
Beilage	*Kartoffelbrei, Kochreis oder Makkaroni, Tomaten-, Gurken- oder Blattsalate.*
Tip	*Nach Belieben mit Weizenmehl binden.*

Ungarisches Gulasch

350 g schieres Schweinefleisch 250 g frischen Schweinebauch	*unter fließendem kaltem Wasser abspülen, trockentupfen, in Würfel schneiden*
50 g geräucherten, durchwachsenen Speck	*in Würfel schneiden, alle Zutaten in*
3 EL Speiseöl	*gut anbraten*
250 g Zwiebeln	*abziehen, würfeln, mitbräunen lassen*
250 g Tomaten	*in kochendem Wasser brühen, in kaltem Wasser abschrecken, häuten, die Stielansätze herausschneiden*

(Fortsetzung Seite 66)

	die Kerne ausdrücken, würfeln
2 Paprikaschoten (150 g)	*halbieren, entstielen, entkernen, die weißen Scheidewände entfernen, die Schoten waschen, in Stücke schneiden beide Zutaten mitschmoren*
1 Lorbeerblatt 2 EL Paprika, edelsüß Salz frisch gemahlenen Pfeffer 4 Spritzer Tabasco	*hinzufügen*
500 ml (1/2 l) heißes Wasser	*hinzugießen, das Fleisch gar schmoren lassen das Fleisch mit Salz, Tabasco, Paprika abschmecken*
Schmorzeit	*45 Minuten.*
Pro Portion	*E: 26 g; F: 33 g; Kh: 7 g; kJ: 1904; kcal: 454.*

Frikadellen

1 altbackenes Brötchen (Semmel)	*in kaltem Wasser einweichen (Foto 1)*
2 mittelgroße Zwiebeln	*abziehen, fein würfeln, das Brötchen gut ausdrücken (Foto 2), mit den Zwiebelwürfeln*
300 g Rinderhack 300 g Schweinemett	*vermengen (Foto 3), mit*
1 Ei Salz frisch gemahlenem Pfeffer	*abschmecken aus der Masse mit nassen Händen Frikadellen formen (Foto 4)*
50 g Öl oder Pflanzenfett	*erhitzen, die Frikadellen von beiden Seiten darin braten*
Bratzeit	*etwa 10 Minuten.*
Pro Portion	*E: 36 g; F: 44 g; Kh: 8 g; kJ: 2570; kcal: 614.*
Beilage	*Kartoffelbrei, Möhrengemüse.*

Königsberger Klopse

1 altbackenes Brötchen (Semmel)	*in kaltem Wasser einweichen*
1 mittelgroße Zwiebel	*abziehen, fein würfeln*
250 g Rinderhack	
250 g Schweinemett	*mit dem gut ausgedrückten Brötchen, Zwiebelwürfeln*
1 Eigelb	
2 gestr. TL Senf	*vermengen (Foto 1), mit*
Salz	
frisch gemahlenem Pfeffer	*abschmecken, aus der Masse mit nassen Händen Klopse formen (Foto 2), in*
750 (3/4 l) kochendes Salzwasser	*geben, zum Kochen bringen, abschäumen, gar ziehen lassen (Wasser muß sich leicht bewegen), die Brühe durch ein Sieb gießen, 500 ml (1/2 l) davon abmessen.*
	Für die Sauce
30 g Butter	*zerlassen*
35 g Weizenmehl	*unter Rühren so lange darin erhitzen, bis es hellgelb ist*
500 ml (1/2 l) Brühe	*hinzugießen, mit einem Schneebesen durchschlagen, darauf achten, daß keine Klumpen entstehen, die Sauce zum Kochen bringen, etwa 5 Minuten kochen lassen*
1 Eigelb	*mit*
2 EL kalter Milch	*verschlagen (Foto 3), die Sauce damit abziehen (nicht mehr kochen lassen)*
1 EL abgetropfte Kapern	*hinzufügen, mit*
Salz	
frisch gemahlenem Pfeffer	
Speisewürze	
Zitronensaft	*abschmecken, die Klopse in die Sauce geben (Foto 4), etwa 5 Minuten darin ziehen lassen*
Garzeit	*etwa 15 Minuten.*
Pro Portion	*E: 35 g; F: 37 g; Kh: 15 g; kJ: 2410; kcal: 576.*

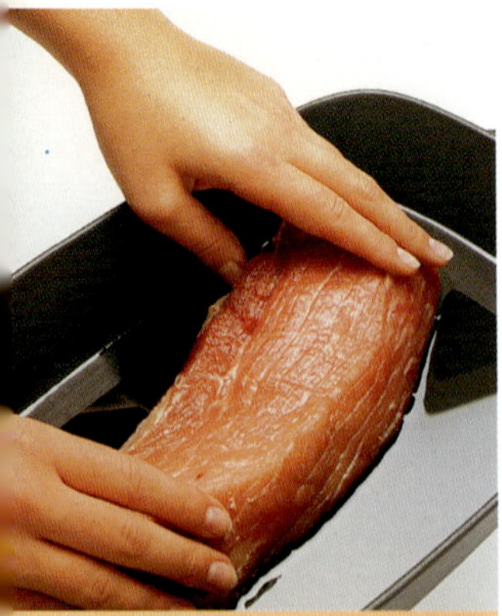

Schweine-Schmorbraten

750 g Schweinefleisch (aus der Keule, ohne Knochen)	*unter fließendem kaltem Wasser abspülen, trockentupfen*
1 Bund Suppengrün	*putzen, waschen*
6 mittelgroße Zwiebeln	*abziehen* *beide Zutaten kleinschneiden*
30 g Öl oder Pflanzenfett	*erhitzen, das Fleisch von allen Seiten gut darin anbraten (Foto 1), mit*
Salz **frisch gemahlenem Pfeffer** **gerebeltem Majoran**	*bestreuen, etwas*
heißes Wasser	*hinzugießen, das geschnittene Gemüse hinzufügen (Foto 2), das Fleisch schmoren lassen, von Zeit zu Zeit wenden, verdampfte Flüssigkeit nach und nach durch heißes Wasser ersetzen* *das gare Fleisch vor dem Schneiden etwa 10 Minuten „ruhen" lassen, damit sich der Fleischsaft setzt* *das Fleisch quer zur Fleischfaser in Scheiben schneiden (Foto 3), auf einer vorgewärmten Platte anrichten* *den Bratensatz mit dem Gemüse durch ein Sieb streichen (Foto 4), etwa 375 ml (3/8 l) abmessen, zum Kochen bringen, evtl. etwas einkochen lassen, die Sauce mit Salz, Pfeffer, Majoran abschmecken*
Schmorzeit	*etwa 1 1/2 Stunden.*
Pro Portion	*E: 39 g; F: 25 g; Kh: 5 g; kJ: 1798; kcal: 429.*
Beigabe	*Tomatensalat.*

Lammkeule

1 Lammkeule (1500 g)	*unter fließendem kaltem Wasser abspülen, trockentupfen, evtl. überflüssiges Fett abschneiden (Foto 1)*
3 Knoblauchzehen	*abziehen, längs halbieren mit dem Küchenmesser zwischen den Muskelsträngen der Lammkeule Schnitte anbringen (Foto 2), die Keule mit den Knoblauchzehen spicken (Foto 3), in*
4 EL Olivenöl	*im Bräter von allen Seiten goldbraun anbraten (Foto 4), salzen, mit*
frisch gemahlenem schwarzem Pfeffer	*bestreuen*
1 Bund Suppengrün	*waschen, putzen, grob zerkleinern*
3 Tomaten	*in kochendem Wasser brühen, in kaltem Wasser abschrecken, häuten, halbieren, die Stielansätze herausschneiden, die Kerne herausdrücken, würfeln, Suppengrün, Tomaten,*
1 Lorbeerblatt 2 Gewürznelken 6 Zweige frischen Thymian	*hinzugeben, etwa 10 Minuten mitbraten, den Bräter in den vorgeheizten Backofen schieben*
250 ml ($^{1}/_{4}$ l) Flüssigkeit (halb Wasser, halb Rotwein)	*nach und nach hinzugießen $1\,^{1}/_{2}$ Stunden schmoren, die Lammkeule aus dem Bräter nehmen, etwa 10 Minuten ruhen lassen, die Schmorflüssigkeit mit dem Suppengrün durch ein Sieb streichen, einkochen, nach Geschmack mit Salz,*
Tabasco	*abschmecken.*
Ober-/Unterhitze	*etwa 170 °C (vorgeheizt)*
Heißluft	*etwa 150 °C (nicht vorgeheizt)*
Gas	*etwa Stufe 3 (nicht vorgeheizt)*
Bratzeit	*etwa $1\,^{1}/_{2}$ Stunden.*
Pro Portion	*E: 73 g; F: 60 g; Kh: 6 g; kJ: 3878; kcal: 926.*

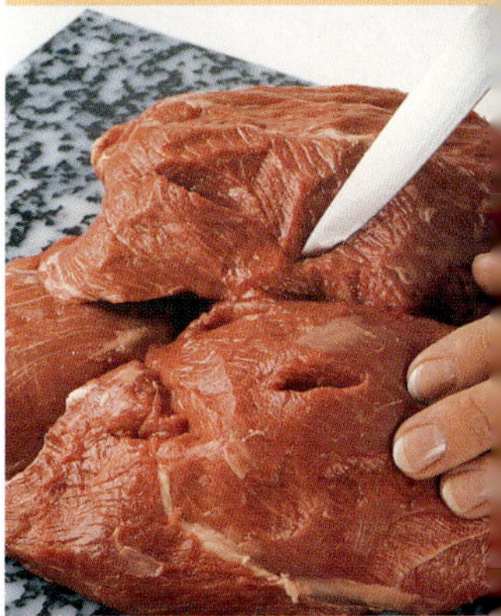

Schweineleber

500 g Schweineleber (in Scheiben) *unter fließendem kaltem Wasser abspülen, etwa 30 Minuten in*

250 ml ($^1/_4$ l) kalte Milch *legen (Foto 1)*

5 mittelgroße Zwiebeln *abziehen, in Scheiben schneiden*

die Leber trockentupfen, in

20 g Weizenmehl *wenden (Foto 2)*

40 g Öl oder Pflanzenfett *erhitzen, die Leber hineinlegen, braten lassen (Foto 3)*

nachdem die untere Seite gebräunt ist, die Leber wenden, mit

Salz

frisch gemahlenem Pfeffer

gerebeltem Majoran *bestreuen, gar braten*

die Leber auf einer vorgewärmten Platte anrichten

die Zwiebelscheiben in das Bratfett geben, mit Salz, Pfeffer würzen, unter Wenden bräunen lassen, mit auf der Platte anrichten

Bratzeit

für die Leber *6–8 Minuten*

für die Zwiebeln *8–10 Minuten.*

Pro Portion *E: 27 g; F: 16 g; Kh: 3 g; kJ: 1174; kcal: 279.*

Beilage *Gebratene Apfelringe (Foto 4), Kartoffelbrei.*

Veränderung *Anstelle der Schweineleber Kalbs- oder Rinderleber verwenden.*

Tip *Von der in Mehl gewendeten Leber überflüssiges Mehl abschütteln, damit sich beim Braten keine unregelmäßige Kruste bildet.*

Saure Leber

4 Scheiben Schweineleber (je 125 g)	*in dünne Streifen schneiden(Foto 1), in Portionen in*
2 EL geklärter Butter	*braten (für die geklärte Butter die Butter vorsichtig erhitzen, den Schaum abnehmen [Foto 2]), mit*
Salz **frisch gemahlenem schwarzen Pfeffer**	*bestreuen, aus der Pfanne nehmen, bei 75 °C im Ofen warm stellen*
2 Schalotten	*abziehen, fein hacken (Foto 3), im Bratfett glasig dünsten* *Bratfond mit*
500 ml (1/2 l) braunem Fond	*angießen, ablösen*
1 abgezogene Knoblauchzehe	*hineinpressen, aufkochen, 10 Minuten köcheln, in getrenntem Topf*
30 g Butter	*zerlassen*
40 g Weizenmehl	*unter Rühren so lange darin erhitzen, bis es dunkelbraun ist*
8 EL von dem braunen Fond	*abnehmen, zum Mehl geben, glattrühren, in die Pfanne einrühren, 5 Minuten köcheln, mit*
Salz **frisch gemahlenem schwarzem Pfeffer** **2–3 EL Balsamicoessig**	*abschmecken, Leber wieder hinzufügen (Foto 4), erhitzen.*
Pro Portion	*E: 28 g; F: 16 g; Kh: 10 g; kJ: 1319; kcal: 314.*

Panierte Schweinekoteletts

4 Schweine-koteletts (je etwa 200 g)	*unter fließendem kaltem Wasser abspülen, trockentupfen, leicht klopfen (Foto 1), mit*
Salz frisch gemahlenem weißem Pfeffer	*bestreuen*
	die Koteletts zunächst in
20 g Weizenmehl	*(Foto 2)*
1 verschlagenem Ei	*(Foto 3), dann zuletzt in*
40 g Semmelbrösel	*wenden (Foto 4)*
50 g Öl oder Pflanzenfett	*erhitzen, die Koteletts darin braten, salzen, auf einer vorgewärmten Platte anrichten*
Bratzeit	*von jeder Seite etwa 8 Minuten.*
Pro Portion	*E: 40 g; F: 45 g; Kh: 8 g; kJ: 2677; kcal: 640.*
Beilage	*Gemüseplatte, Petersilienkartoffeln.*
Veränderung	*Anstelle von Schweinekoteletts Kalbskoteletts oder Kalbsschnitzel verwenden. Die Bratzeit: 5–6 Minuten je Seite.*
Tip	*Damit sich die Schweinekoteletts beim Braten nicht nach oben wölben, sollte vor dem Panieren der Fettrand ringsherum leicht eingeschnitten werden.*

Hühnerfrikassee

1 küchenfertige Poularde (1 kg)	*unter fließendem kaltem Wasser abspülen, in*
$1^1/_2$ l kochendes Salzwasser	*geben, zum Kochen bringen, abschäumen*
1 Bund Suppengrün	*putzen, waschen*
1 mittelgroße Zwiebel	*abziehen, mit*
1 Lorbeerblatt	
1 Gewürznelke	*spicken*
	die Zutaten hinzufügen (Foto 1), die Poularde gar kochen lassen, aus der

Brühe nehmen, die Brühe durch ein Sieb gießen, 500 ml (1/2 l) davon abmessen das Fleisch von den Knochen lösen, die Haut entfernen (Foto 2), das Fleisch in große Würfel schneiden (Foto 3).

Für die Sauce

25 g Butter *zerlassen*

30 g Weizenmehl *unter Rühren so lange darin erhitzen, bis es hellgelb ist*

500 ml (1/2 l) Hühnerbrühe *hinzugießen, mit einem Schneebesen durchschlagen, darauf achten, daß keine Klumpen entstehen, die Sauce zum Kochen bringen, etwa 5 Minuten kochen lassen*

175 g gekochte Spargelstücke
150 g gedünstete Champignons *beide Zutaten mit dem Fleisch in die Sauce geben, kurz aufkochen lassen*

4 EL Weißwein
1 EL Zitronensaft
1 TL Zucker *hinzufügen*

2 Eigelb *mit*

4 EL Schlagsahne *verschlagen, das Frikassee damit abziehen (nicht mehr kochen lassen) (Foto 4), mit*

Salz
frisch gemahlenem Pfeffer
Zitronensaft *abschmecken*

Kochzeit *etwa 1 Stunde.*

Pro Portion *E: 55 g; F: 59 g; Kh: 12 g; kJ: 3629; kcal: 866.*

Beilage *Kochreis.*

Tip *Ragout auf dem Teller nach Geschmack mit Worcestersauce nachwürzen.*

Geflügelteile

Alle gängigen Geflügelsorten werden auch in Teilstücken frisch, tiefgekühlt und tiefgefroren angeboten. Teilstücke: Hälften, Brust, Schenkel, Oberschenkel, Unterschenkel (Keule), Schnitzel (Hähnchen und Puten)

Brust und Schenkel haben den höchsten Fleischanteil, sind jedoch auch am teuersten.

Tips
Brustfleisch vom Hähnchen oder der Pute kann sehr gut als Geschnetzeltes verwendet werden oder als Grundlage für asiatische Gerichte dienen.

Geflügelfleisch immer gut durchgaren um Salmonelleninfektionen zu vermeiden.

Zum Einfrieren, Geflügel gut verpacken, damit kein Gefrierbrand entstehen kann.

Geflügel schnell einfrieren, damit es nicht zäh wird.

Putenschnitzel

(Foto)

4 Putzenschnitzel (je 125–150 g) *unter fließendem kaltem Wasser abspülen, trockentupfen*
1 Ei *mit*
Salz
frisch gemahlenem Pfeffer
Paprika, edelsüß *verschlagen, die Schnitzel zunächst in dem verschlagenen Ei, dann in*
50 g Semmelbrösel *wenden (gut festklopfen)*
40 g Speiseöl *erhitzen, die Schnitzel von beiden Seiten darin goldgelb braten, auf einer vorgewärmten Platte anrichten*
Bratzeit *etwa 12 Minuten.*
Pro Portion *E: 29 g; F: 19 g; Kh: 15 g; kJ: 1565; kcal: 374.*
Beilage *Sahne-Kartoffelbrei, gemischter Salat.*
Tip *Zur Abwechslung 2 frische Pfirsiche oder abgetropfte Pfirsiche aus der Dose in 20 g zerlassener Butter schmoren und auf den Putzenschnitzeln anrichten.*

Gebratene Poularde in Bratfolie

1 küchenfertige Poularde ($1^1/_4$ kg) *unter fließendem kaltem Wasser abspülen, trockentupfen*
2 EL Speiseöl *mit*
Salz
frisch gemahlenem Pfeffer
$^1/_2$ TL Paprika, edelsüß *verrühren, die Poularde innen und außen damit einreiben, auf ein genügend großes Stück*
Bratfolie *legen*
1 Bund Suppengrün *putzen, waschen, kleinschneiden, dazulegen die Folie fest verschließen, einige Male einstechen, auf dem Rost in den Backofen schieben*

(Fortsetzung Seite 76)

Ober-/Unterhitze *etwa 200 °C (vorgeheizt)*
Heißluft *etwa 180 °C (nicht vorgeheizt)*
Gas *ewa Stufe 4 (vorgeheizt)*
Bratzeit *etwa 50 Minuten*
die gare Poularde kurze Zeit „ruhen" lassen, den Bratensatz in einen Topf geben

125 ml (1/8 l)
Schlagsahne *hinzugießen, etwas einkochen lassen, die Sauce mit Salz,*
Pfeffer *abschmecken.*
Pro Portion *E: 61 g; F: 73 g; Kh: 3 g; kJ: 4123; kcal: 984.*

Risotto mit Hähnchenfilet

250 g Reis *in*
500 ml (1/2 l)
kochendes
Salzwasser *geben, in etwa 20 Minuten gar kochen, evtl. abtropfen lassen*

1 Hähnchenbrust-
filet (etwa 350 g) *unter fließendem kaltem Wasser abspülen, trockentupfen, längs vierteln, in Streifen schneiden (Foto 1), in zwei Portionen in*
2 EL Olivenöl *langsam braten, salzen, aus der Pfanne nehmen, warm stellen*

2 Becher Crème
double (je 125 g) *in den Bratfond geben, mit*
1/2 Tasse (75 ml)
Hühnerbrühe *verrühren, zum Kochen bringen*
1 Knoblauchzehe *hineinpressen (Foto 2), mit*
Salz
1 Kapsel
Safranfäden *würzen (Foto 3), Hitze reduzieren*
1 große, gelbe
Paprikaschote *waschen, vierteln, entstielen, entkernen, die weißen Scheidewände entfernen, in Stücke schneiden, 5 Minuten in der Sauce köcheln*

30 g schwarze
Oliven *in der Sauce erhitzen (Foto 4), Hähnchenfiletstreifen wieder hinzugeben, den gekochten Reis unterheben und abschmecken*
Kochzeit *30 Minuten.*
Pro Portion *E: 27 g; F: 45 g; Kh: 55 g; kJ: 3082; kcal: 736.*

Gebratene Ente

1 küchenfertige Ente (etwa $1^{1}/_{2}$ kg)	*unter fließendem kaltem Wasser abspülen, trockentupfen, innen mit*
Salz	*einreiben, mit dem Rücken nach unten auf den Rost über eine mit Wasser ausgespülte Rostbratpfanne legen (Foto 1), auf die untere Schiene in den Backofen schieben, während des Bratens ab und zu unterhalb der Flügel und Keulen in die Ente stechen, damit das Fett besser ausbraten kann (Foto 2)*
Ober-/Unterhitze	*200–220 °C (vorgeheizt)*
Heißluft	*180–200 °C (nicht vorgeheizt)*
Gas	*Stufe 3–4 (vorgeheizt)*
Bratzeit	*etwa $1^{3}/_{4}$ Stunden*
	nach 30 Minuten Bratzeit das angesammelte Fett abschöpfen (Foto 3)
heißes Wasser	*sobald der Bratensatz bräunt, etwas hinzugießen, die Ente ab und zu mit dem Bratensatz begießen, verdampfte Flüssigkeit nach und nach ersetzen, 10 Minuten vor Beendigung der Bratzeit die Ente mit*
kaltem Salzwasser	*bestreichen (Foto 4), die Hitze auf stark stellen, damit die Haut schön groß wird*
	die gare Ente in Portionsstücke schneiden, auf einer vorgewärmten Platte anrichten, warm stellen
	den Bratensatz mit Wasser loskochen, durch ein Sieb gießen, mit Flüssigkeit auffüllen, auf der Kochstelle zum Kochen bringen
1–2 gestr. EL Weizenmehl	*mit*
2 EL kaltem Wasser	*anrühren, den aufgefüllten Bratensatz damit binden, die Sauce mit Salz,*
frisch gemahlenem Pfeffer	*abschmecken.*
Pro Portion	*E: 36 g; F: 75 g; Kh: 4 g; kJ: 3750; kcal: 896.*
Beilage	*Rotkohl, Kartoffelklöße, Apfelscheiben mit Preiselbeerkompott oder Apfelmus.*

Bei Geflügel wird zwischen dem fettreichen, schwerer verdaulichen Fleisch von Gans und Ente sowie dem mageren, eiweißreichen und leicht verdaulichen Fleisch von Hühnern und Puten unterschieden.
Hähnchen sind Jungmasttiere mit einem Gewicht von 700–1200 g. Ihr Fleisch ist zart, saftig, eiweißreich und kalorienarm.
Poularden sind Junghühner und wiegen von 1200–1500 g.
Suppenhühner haben bereits 1–2 Legeperioden hinter sich. Ihr Fleisch ist fest, kräftig im Aroma, eiweißreich und fetter als das von Hähnchen und Poularden.
Frühmastenten sind Enten, die vor der ersten Federreife geschlachtet werden, sie wiegen 1200–1800 g. Junge Enten sind nach der ersten Federreife geschlachtete Tiere von 1800–2200 g. Enten sind nach der Geschlechtsreife geschlachtete Tiere. Enten haben festes Fleisch und einen typischen Eigengeschmack. Ihr Fettgehalt ist von der Rasse und der Fütterung abhängig.

Poularde in Rotwein

(Coq au vin)

1 küchenfertige Poularde (etwa 1 1/2 kg)	*unter fließendem kaltem Wasser abspülen, trockentupfen, in acht Teile teilen*
100 g geräucherten, durchwachsenen Speck	*fein würfeln*
2 Zwiebeln	*abziehen, grob würfeln, beide Zutaten in*
3 EL Olivenöl	*auslassen und etwas anbraten, aus dem Fett nehmen*
125 g Champignons	*putzen, mit Küchenpapier abreiben, evtl. abspülen, trockentupfen, im Bratfett schmoren, herausnehmen, zu Speck und Zwiebeln geben*
	die Poulardenteile im Bratfett goldbraun braten, mit
20 g Weizenmehl	*bestäuben*
500 ml (1/2 l) Rotwein	*angießen, zum Kochen bringen*
2 Knoblauchzehen	*abziehen, mit Speck, Zwiebeln, Champignons,*
1 Lorbeerblatt	
2 Zweigen Thymian	*zum Fleisch geben,*
Geflügelbrühe	*bis zur Höhe der Zutaten auffüllen, in den Backofen schieben*
Ober-/Unterhitze	*180–200 °C (vorgeheizt)*
Heißluft	*160–180 °C (nicht vorgeheizt)*
Gas	*Stufe 3–4 (vorgeheizt)*
Schmorzeit	*etwa 45 Minuten*
	die Poulardenteile herausnehmen, warm stellen.
	Für die Sauce
	die Schmorflüssigkeit auf der Kochstelle einkochen lassen, mit
Salz	
frisch gemahlenem schwarzem Pfeffer	*abschmecken*
2 EL Crème double	*einrühren, die Poulardenteile wieder in die Sauce geben.*
Pro Portion	*E: 64 g; F: 86 g; Kh: 7 g; kJ: 5053; kcal: 1206.*
Beilage	*Kartoffelgratin oder Spätzle.*

Fasan in Traubensauce

1 küchenfertigen Fasan ($1\frac{1}{4}$ kg) *in 4 Portionsstücke schneiden (Foto 1), unter fließendem kaltem Wasser abspülen, trockentupfen, mit*

Salz *einreiben*

20 g Pflanzenfett *in einer Bratpfanne erhitzen, die Fleischstücke von allen Seiten gut darin anbraten, in der geschlossenen Pfanne etwa 40 Minuten garen lassen (Foto 2)*

500 g grüne Weintrauben *waschen, halbieren, entkernen (Foto 3), die Hälfte pürieren, mit zu den Fleischstücken geben (Foto 4), gar schmoren lassen*
die andere Hälfte etwa 10 Minuten vor Beendigung der Schmorzeit zu dem Fleisch geben, die garen Fleischstücke herausnehmen, auf eine vorgewärmte Platte geben, die Sauce mit Salz abschmecken

3 EL Rotwein *unterrühren, über die Fleischstücke geben*

Garzeit *etwa 50 Minuten.*

Pro Portion *E: 75 g; F: 21 g; Kh: 19 g; kJ: 2601; kcal: 622.*

Hähnchenfilet in Estragonsauce

2 Hähnchenfilets (je etwa 350 g) *bei mittlerer Hitze in*

1 EL geklärter Butter *pro Seite etwa 5 Minuten braten, mit*

Salz *bestreuen, warm stellen*

2 Becher Crème double (250 g) *in den Fond geben, mit*

$\frac{1}{2}$ Tasse (75 ml) Hühnerbrühe *verrühren, zum Kochen bringen, 10 Minuten köcheln lassen, nach 7 Minuten*

1 geh. TL frische Estragonblätter *mitköcheln,*
Sauce bei Bedarf reduzieren, mit Salz,

3 EL trockenem Weißwein *abschmecken,*
Sauce über das Hähnchenfilet geben

Bratzeit *etwa 10 Minuten*

Pro Portion *E: 45 g; F: 32 g; Kh: 5 g; kJ: 2213; kcal: 529.*

Entenbrust mit Orangensauce

2 Entenbrüste ohne Knochen (je etwa 400 g)	*unter fließendem kaltem Wasser abspülen, trockentupfen, mit*
Salz frisch gemahlenem Pfeffer	*bestreuen*
30 g Butter	*in der Pfanne erhitzen (Foto 1), die Entenbrüste darin von beiden Seiten etwa 15 Minuten braten, etwas von dem Fett abschöpfen (Foto 2), kurz vor Beendigung der Bratzeit die Haut der Entenbrüste mit*
2 TL Honig	*bestreichen (Foto 3), die Entenbrüste mit*
4–5 EL Grand Marnier	*flambieren (Foto 4), die Entenbrüste aus dem Bratensatz nehmen, auf einer vorgewärmten Platte anrichten, warm stellen.*
	Für die Orangensauce vom Bratensatz das Fett abschöpfen
Schale von 1 Orange (unbehandelt)	*in feine Streifen schneiden, mit*
Saft von 1 Orange	*zu dem Bratensatz geben, erhitzen*
1 Becher (150 g) Crème fraîche	*unterrühren, erhitzen, die Sauce mit Salz, Pfeffer,*
Honig	*abschmecken, zu den Entenbrüsten reichen.*
Pro Portion	*E: 37 g; F: 52 g; Kh: 9 g; kJ: 2923; kcal: 698.*
Beilage	*Kartoffelpüree.*

Rehrücken „Baden-Baden"

(8 Portionen)

1 Rehrücken (etwa 1,6 kg) *enthäuten (Foto 1), unter fließendem kaltem Wasser abspülen, trockentupfen*

1 Zwiebel *abziehen, würfeln*

50 g Sellerie
1 Möhre *beide Zutaten waschen, schälen, in Würfel schneiden*

3 EL Speiseöl *in einem Bräter erhitzen, das Fleisch darin von allen Seiten anbraten, Gemüsewürfel,*

5 zerstoßene Wacholderbeeren
Salz, Pfeffer *dazugeben, Bräter auf dem Rost in den Backofen schieben*

Ober-/Unterhitze *200–220 °C (vorgeheizt)*
Heißluft *180–200 °C (nicht vorgeheizt)*
Gas *Stufe 3–4 (vorgeheizt)*
Bratzeit *30–40 Minuten (je nach Alter des Tieres)*

2 Williamsbirnen *waschen, halbieren, mit einem Kugelausstecher das Kerngehäuse entfernen (Foto 2), die Birnen in*

200 ml Weißwein
Saft von 1 Zitrone *etwa 10 Minuten dünsten, das Fleisch aus dem Bräter nehmen, vor dem Servieren 10 Minuten „ruhen" lassen, damit sich der Fleischsaft setzt, Bratensatz mit*

200 ml trockenem Rotwein *ablöschen*

400 ml Schlagsahne *angießen (Foto 3)*

2 EL Preiselbeerkompott *dazugeben, einkochen lassen, die Sauce durch ein Sieb gießen (Foto 4), nochmals mit Salz, Pfeffer abschmecken, das Fleisch vom Knochengerüst lösen, in Scheiben schneiden, wieder auf das Knochengerüst legen, auf einer vorgewärmten Platte anrichten, Birnenhälften mit*

150 g Preiselbeerkompott *füllen, um den Rehrücken legen, die Sauce getrennt dazu reichen*

heißes Wasser *sobald der Bratensatz bräunt, etwas hinzugießen, das Fleisch ab und zu mit dem Bratensatz begießen.*

Pro Portion *E: 29 g; F: 36 g; Kh: 13 g; kJ 2300:; kcal: 550.*
Beilage *Pfifferlinge, Mandelkroketten.*

Wildschweinkeule

1 1/2 kg Wildschweinkeule	*unter fließendem kaltem Wasser abspülen, trockentupfen, mit*
Salz, Pfeffer	*einreiben, das Fett (falls vorhanden) gitterförmig einschneiden, das Fleisch mit der Fettschicht nach oben auf den Rost in eine mit*
10 g Pflanzenfett	*gefetteten Rostbratpfanne legen (Foto 1), mit*
100 g Speckscheiben	*belegen, Bräter auf dem Rost in den Backofen schieben*
Ober-/Unterhitze	*200–220 °C (vorgeheizt)*
Heißluft	*180–200 °C (nicht vorgeheizt)*
Gas	*Stufe 3–4 (vorgeheizt)*
Bratzeit	*1 1/2–2 Stunden (je nach Alter des Tieres) sobald der Bratensatz bräunt, etwas von*
250 ml (1/4 l) Rotwein	*hinzugießen, das Fleisch ab und zu mit dem Bratensatz begießen, verdampfte Flüssigkeit nach und nach ersetzen*
1 Zwiebel	*abziehen*
1 Bund Suppengrün	*putzen, waschen (Foto 2) beide Zutaten kleinschneiden, mit*
1 Lorbeerblatt 10 zerdrückten Wacholderbeeren 20 Pfefferkörnern 5 Pimentkörnern	*30 Minuten vor Beendigung der Bratzeit in die Rostbratpfanne geben (Foto 3), mitbraten lassen, das sich evtl. sammelnde Fett abschöpfen, das gare Fleisch in Scheiben schneiden (Foto 4), den Bratensatz mit Wasser loskochen, durch ein Sieb gießen*
2 EL Johannisbeergelee (60 g) 3 EL saure Sahne	*hinzufügen, nach Belieben*
30 g Weizenmehl	*mit*
kaltem Wasser 2 EL saurer Sahne	*anrühren, den aufgefüllten Bratensatz damit binden, die Sauce mit Salz, Pfeffer abschmecken.*
Pro Portion	*E: 23 g; F: 33 g; Kh: 122 g; kJ: 4041; kcal: 965.*
Beilage	*Kartoffelklöße, Rosenkohl.*

Hirschragout

800 g Hirschfleisch (aus der Schulter, ohne Knochen)	*unter fließendem kaltem Wasser abspülen, trockentupfen, in Würfel schneiden (Foto 1), mit*
2–4 EL Portwein	*begießen, einige Stunden stehen lassen*
75 g durchwachsenen Speck	*in kleine Würfel schneiden*
30 g Speiseöl	*erhitzen, die Speckwürfel darin auslassen (Foto 2), das Fleisch hinzufügen, in 2 Portionen von allen Seiten gut darin anbraten*
1 mittelgroße Zwiebel	*abziehen, würfeln, hinzufügen, mitbräunen lassen, die angebratenen Fleischwürfel mit*
Salz, Pfeffer 4 Wacholderbeeren 3 Gewürznelken 2 Msp. Thymian	*würzen*
250 ml ($\frac{1}{4}$ l) heißes Wasser oder braunen Fond, Seite 26	*hinzufügen, das Fleisch in etwa 60 Minuten gar schmoren lassen, verdampfte Flüssigkeit nach und nach durch heißes Wasser oder braunen Fond ersetzen*
250 g Champignons oder Pfifferlinge	*putzen (Foto 3), mit Küchenpapier abreiben, etwa 10 Minuten vor Beendigung der Schmorzeit zu dem Ragout geben*
2 schwach geh. EL Johannisbeergelee (50 g)	*unterrühren (Foto 4), mit Salz abschmecken*
Schmorzeit	*etwa 1–1$\frac{1}{2}$ Stunden (je nach Alter des Tieres).*
Pro Portion	*E: 46 g; F: 30 g; Kh: 11 g; kJ: 2293; kcal: 547.*
Beilage	*Kartoffelklöße, Salzkartoffeln, Spätzle, Rotkohl, Apfelmus, Preiselbeerkompott.*
Tip	*Damit das Fleisch zarter und der Wildgeschmack gemildert wird, sollte das Wildfleisch über Nach in eine Marinade (Beize) aus Rotwein und Gewürzen oder einige Tage in Buttermilch gelegt werden.*

Eier sind fast unentbehrlich, ob als Frühstück, als Eierkuchen, zum Binden, zum Panieren oder Garnieren. Ein Ei ist ein Universallebensmittel, vielseitig einzusetzen und zu kombinieren.

Eier lockern durch das Eiweiß, das mehr oder weniger steif geschlagen wird, Saucen, Suppen, Cremes und Teige. Eigelb kann auch fetthaltige und wasserhaltige Lebensmittel zu einer Emulsion verbinden, z. B. bei Mayonnaise.

Gekochte Eier

Frische Eier *am runden Ende mit einer Nadel oder einem Eierpick anstechen, damit sie nicht platzen*

Wasser *zum Kochen bringen, Eier auf Eßlöffel legen, vorsichtig in das kochende Wasser gleiten lassen, wieder zum Kochen bringen, mit dem Eßlöffel herausnehmen, kalt abschrecken, damit sie sich besser pellen lassen*

Kochzeit *weiche Eier 3–4 Minuten*
harte Eier 8–10 Minuten.
Wenn die Eier aus dem Kühlschrank kommen: weiche Eier 5 Minuten, wenn die Eier zimmerwarm sind: 3–4 Minuten.

Pro Portion *E: 7 g; F: 6 g; Kh: 0 g; kJ: 350; kcal: 84.*

Eiersalat

6 Eier *hartkochen, pellen, achteln (Foto 1)*

2 Fleischtomaten *waschen, die Stengelansätze herausschneiden, die Kerne herauspressen, die Tomaten in Würfel schneiden*

30 g Kapern *auf einem Sieb abtropfen lassen (Foto 2)*

2 Frühlingszwiebeln oder Zwiebeln *putzen, waschen, trockentupfen, in feine Ringe schneiden oder Zwiebeln abziehen und in Ringe schneiden, Eierachtel, Tomatenwürfel, Kapern, Zwiebelringe auf einem Teller anrichten.*

Für die Salatsauce

1 EL Essig *mit*
2 TL Dijon-Senf
100 ml Schlagsahne
Salz
Zucker *verrühren (Foto 3), über die Salatzutaten geben (Foto 4), den Salat mit*

Basilikumblättchen *bestreuen.*

Pro Portion *E: 13 g; F: 18 g; Kh: 4 g; kJ: 1041; kcal: 249.*

Spiegeleier

20 g Butter
oder Margarine *in einer Bratpfanne zerlassen*
4 Eier *vorsichtig aufschlagen, nebeneinander in das Fett gleiten lassen, das Eiweiß mit*
Salz *bestreuen, braten lassen*
Bratzeit *etwa 5 Minuten.*
Pro Portion *E: 8 g; F: 11 g; Kh: 0 g; kJ: 582; kcal: 139.*
Tip *Schinkenspeck-Scheiben in dem Fett anbraten, die Eier darauf schlagen, mit gemahlenem Pfeffer würzen.*
Beilage *Salzkartoffeln, Spinat oder Mangold.*

Rühreier

6 Eier *mit*
3 EL Milch
3 EL Mineralwasser
Salz *kurz verschlagen (Foto 1)*
45 g Butter
oder Margarine *in einer Bratpfanne zerlassen (Foto 2), das verschlagene Ei hineingeben*
sobald die Masse zu stocken beginnt, sie gelegentlich mit dem Holzspatel strichweise vom Boden der Pfanne losrühren (Foto 3), so lange weiter erhitzen, bis keine Flüssigkeit mehr vorhanden ist
Rührei muß weich und großflockig, aber nicht trocken sein
3 EL feingeschnittenen
Schnittlauch *über das Rührei streuen, sofort servieren (Foto 4)*
Garzeit *etwa 5 Minuten.*
Pro Portion *E: 12 g; F: 20 g; Kh: 1 g; kJ: 1021; kcal: 244.*
Beilage *Schwarz- oder Weißbrot.*

Verlorene Eier, pochierte Eier

1 l Wasser	*mit*
3 EL Essig	*zum Kochen bringen*
6 Eier	*einzeln in einer Kelle aufschlagen, vorsichtig in das kochende Wasser geben (Foto 1 – bei Gas die Flamme klein stellen, bei Strom die Kochplatte auf Stufe 0 schalten), die garen Eier mit einem Schaumlöffel herausnehmen (Foto 2), kurz in kaltes Wasser halten, ringsherum zu einer hübschen Form beschneiden (Foto 3), Eier anrichten, evtl. mit gehackten Kräutern bestreuen (Foto 4)*
Garzeit	*3–4 Minuten.*
Pro Portion	*E: 12 g; F: 10 g; Kh: 1 g; kJ: 640; kcal: 153.*
Tip	*Verlorene Eier als Einlage für Suppen, auf gerösteten Brotscheiben als Vorspeise oder mit verschiedenen Saucen als selbständiges Gericht reichen.* *Die verlorenen Eier zu Senfsauce oder Grüner Sauce reichen oder auf gedünstetem Blattspinat anrichten.*

Gestürzte Eier

60 g gekochten Schinken	*fein schneiden, mit*
40 g geriebenem Käse, z. B. Gouda	*vermengen* *4 Tassen oder Förmchen gut ausfetten, von*
4 Eiern	*jeweils 1 Ei in jede Tasse (Förmchen) aufschlagen, die Schinken-Käse-Masse darauf füllen, die Förmchen mit Alufolie abdecken, in heißes, aber nicht kochendes Wasser stellen, stocken lassen*
gewaschene Salatblätter	*auf einer Platte anrichten, die Eier darauf stürzen*
Garzeit	*etwa 30 Minuten.*
Pro Portion	*E: 12 g, F: 11 g, Kh: 0 g kJ: 665, kcal: 159.*

Eierkuchen

250 g Weizenmehl	*in eine Schüssel sieben (Foto 1), in die Mitte eine Vertiefung eindrücken (Foto 2)*
4 Eier	*mit*
375 ml (3/8 l) Milch	
125 ml (1/8 l) Mineralwasser	
Salz	*verschlagen, etwas davon in die Vertiefung geben, von der Mitte aus das mit Milch verschlagene Ei nach und nach mit dem Mehl verrühren (Foto 3), darauf achten, daß keine Klümpchen entstehen, jeweils 2 Eßlöffel von*
150 ml Speiseöl	*in der Pfanne erhitzen, eine Suppenkelle voll Teig hineingeben (Foto 4), Pfannkuchen von beiden Seiten goldbraun backen, Blasen mit der Gabel anpieken.*
Pro Portion	*E: 26 g; F: 56 g; Kh: 61 g; kJ: 3750; kcal: 895.*
Beilage	*Kompott, Zimt und Zucker, Ahornsirup, Früchte.*
Abwandlung	*Anstatt der ganzen Eier nur das Eigelb in den Teig rühren und das steifgeschlagene Eiweiß erst kurz vor dem Backen unterheben. Das macht den Eierkuchen lockerer.*
	Für Apfelpfannkuchen (Foto Seite 88/89)
4 Äpfel	*vierteln, entkernen, schälen, in dünne Scheiben schneiden, die Scheiben von jeweils 1/2 Apfel in der Pfanne in den noch nicht gebackenen Teig drücken, den fertigen Eierkuchen mit*
Zimt	
Zucker	*bestreuen.*
	Für Käsepfannkuchen
80 g frisch geriebenen Parmesankäse	*unter den Eierkuchenteig rühren.*
Tip	*Der Eierkuchen wird besonders locker, wenn der Teig vor dem Backen 1–2 Stunden ruht, damit das Mehl quellen kann.*

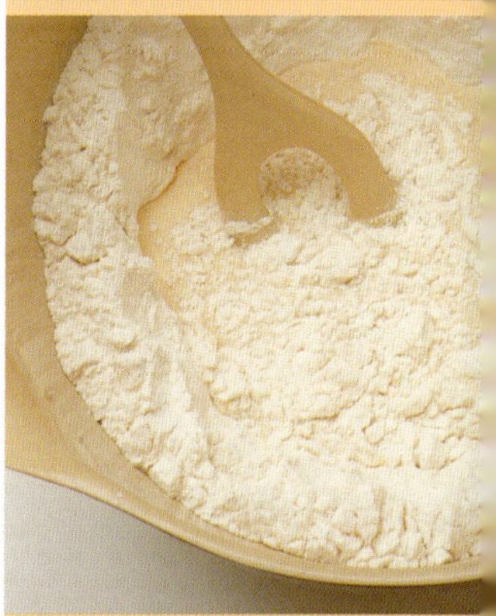

Jedes gute Gericht ist eine gelungene Komposition aus zahlreichen Aromen. Gemüse darf dabei nicht fehlen. Es bietet eine fast unglaubliche geschmackliche Vielfalt. Gemüse ist außerdem wichtig als Lieferant von Ballaststoffen und Vitaminen. Damit Geschmack und Vitamine erhalten bleiben, sollte Gemüse immer nur kurz gegart und bißfest serviert werden.

Salate bringen Frische auf den Tisch. es lohnt sich bei ihrer Zubereitung zu experimentieren. Der Lebensmittelhandel bietet heute eine breite Palette an Gemüse, Salaten und Kräutern.

Bunte Salatplatte

(Foto Seite 94/95 – 6 Portionen)

3 kleine Tomaten *waschen, Stengelansatz entfernen, Tomaten vierteln oder achteln*

1/2 Salatgurke (200 g) *waschen, abtrocknen, schälen, längs halbieren, in Scheiben schneiden*

je 1 Paprika rot und gelb *halbieren, entstielen, entkernen, die weißen Scheidewände entfernen, in Streifen schneiden*

2 kleine Zucchini (200 g) *waschen, abtrocknen, die Enden abschneiden, evtl. halbieren, in Scheiben schneiden (Foto 1)*

125 g gedünstete Grüne Bohnen
125 g Möhren *putzen, waschen, raspeln (Foto 2).*

Für die Salatsauce

1 Becher (150 g) Crème fraîche *mit*
1 Becher (150 g) Joghurt
1 schwach geh. EL Tomatenketchup
1 schwach geh. TL mittelscharfen Senf *verrühren (Foto 3), mit*
Salz, Pfeffer
Zucker *abschmecken*

1 Bund gemischte Kräuter, z. B. Kerbel, Zitronenmelisse, Dill, Schnittlauch, Petersilie *abspülen, trockentupfen, die Blättchen von den Stengeln zupfen, fein hacken (Foto 4), unter die Sauce rühren, die Salatzutaten auf einer großen Platte anrichten, die Sauce darüber verteilen.*

Pro Portion *E: 4 g; F: 9 g; Kh: 8 g; kJ: 542; kcal: 130.*

Tip *Die Gemüsezusammenstellung kann beliebig verändert werden, z. B. Fenchel, Champignons, Tomaten, Möhren, Rosenkohl und Porree.*

Kopfsalat

	Von
2 mittelgroßen Köpfen Salat (300 g)	*die welken Blätter entfernen (Foto 1), die anderen vorsichtig vom Strunk lösen (Foto 2), die großen Blätter teilen (Foto 3), die Herzblätter ganz lassen den Salat in reichlich Wasser gründlich waschen, aber nicht drücken, auf einem Durchschlag abtropfen lassen oder in einem Tuch oder Drahtkorb ausschwenken (Foto 4).*
	Für die Sahnesauce
1 Becher (150 g) saure Sahne	*mit*
1 EL Salatöl	
1 EL Milch	*verrühren, mit*
Salz	
frisch gemahlenem Pfeffer	
Zucker	*abschmecken*
1 mittelgroße Zwiebel	*abziehen, fein würfeln*
2 EL gehackte Kräuter (Petersilie, Dill, Zitronenmelisse, Pimpinelle, Schnittlauch)	
	die Zutaten unterrühren den Salat kurz vor dem Anrichten mit der Sauce vermengen.
Pro Portion	*E: 2 g; F: 7 g; Kh: 4 g; kJ: 381; kcal: 91.*

Chicorée-Apfel-Salat

375 g Chicorée (vorbereitet gewogen) *von schlechten Blättern befreien, halbieren (Foto 1), den bitteren Keil herausschneiden (Foto 2), den Chicorée waschen, abtropfen lassen, in etwa 1/2 cm breite Streifen schneiden*

250 g Äpfel *schälen, vierteln, entkernen, in Streifen schneiden (Foto 3)*

3 weiche, getrocknete Feigen *in feine Scheiben schneiden, alles miteinander vermengen.*

Für die Salatsauce

4 EL Salatöl *mit*
2–3 EL Essig oder Zitronensaft
Salz
Zucker *verschlagen*

die geschnittenen Zutaten mit der Sauce vermengen (Foto 4), den Salat mit Zitronensaft, Salz, Zucker abschmecken

da Chicorée viel Flüssigkeit zieht, den Salat erst kurz vor dem Verzehr mischen.

Pro Portion *E: 2 g; F: 13 g; Kh: 16 g; kJ: 817; kcal: 195.*

Veränderung: *Statt der Äpfel Orangen verwenden.*

Salat mit warmer Hühnerleber

Je 1 kleinen krausen Endivien-, Römischen Salat Radicchio *putzen, zerpflücken, waschen, gut abtropfen lassen*

1 Zucchino (etwa 200 g) *waschen, trockentupfen, Enden abschneiden, Zucchini in Scheiben schneiden*

Salate miteinander vermengen,

1 Schalotte *sehr fein würfeln, mit*
4 EL Olivenöl
2 EL Balsamessig

1/2 TL mittelscharfem Senf	
1 TL Liebstöckel	
3 EL Mineralwasser	
Salz	*verrühren, Salat mit der Sauce mischen*
40 g Butter	*in der Pfanne erhitzen*
4 Hühnerlebern	*darin von allen Seiten anbraten, mit*
Salz	
frisch gemahlenem schwarzen Pfeffer	*bestreuen*
	Salat auf vier Teller verteilen, auf jede Portion eine warme Hühnerleber geben.
Pro Portion	*E: 23 g; F: 26 g; Kh: 5 g; kJ: 1516; kcal: 362.*
Beilage	*Knuspriges Baguette.*

Gurkensalat

1 mittelgroße Salatgurke (750 g)	*waschen, abtrocknen, schälen (Foto 1), in nicht so feine Scheiben schneiden oder hobeln (Foto 2)*
1 mittelgroße Zwiebel	*in sehr feine Würfel schneiden, miteinander vermengen, mit etwas*
Salz	*würzen.*
	Für die Salatsauce
3 EL Salatöl	*mit*
2 EL Essig	*verrühren (Foto 3), mit*
frisch gemahlenem Pfeffer	
Zucker	*abschmecken*
1 EL gehackten Dill	
etwas Liebstöckl	*unterrühren*
	die Gurkenscheiben mit der Sauce vermengen (Foto 4), etwas ziehen lassen.
Pro Portion	*E: 1 g; F: 9 g; Kh: 3 g; kJ: 437; kcal: 104.*

Nizzasalat

1/2 mittelgroße Salatgurke (375 g)	*waschen, trockentupfen, schälen, in nicht so dünne Scheiben schneiden, mit*
Salz	*bestreuen*
2 Chicorée	*waschen, trockentupfen, längs halbieren, den bitteren Keil herausschneiden (Foto 1), in Streifen schneiden*
4 Tomaten	*waschen, Stengelansatz entfernen, in Achtel schneiden*
1 große gelbe oder grüne Paprikaschote (150 g)	*waschen, trockentupfen, vierteln, die Kerne entfernen, die weißen Scheidewände herausschneiden, Paprika in feine Streifen schneiden*
1 kleine Zwiebel	*abziehen, in Ringe schneiden, alle Salatgemüse miteinander vermengen*
100 g gekochte weiße Bohnen	*abtropfen lassen*
4 EL Olivenöl 2 EL Balsamessig 3 EL Mineralwasser Salz frisch gemahlenen schwarzen Pfeffer	*verrühren,*
1 Knoblauchzehe	*hineinpressen, Salat mit der Sauce anmachen*
4 Eier	*hart kochen, abschrecken, pellen, vierteln*
2 Dosen Thunfisch (à 200 g) mit eigenem Saft	*zerpflücken (Foto 2)*
1 kleines Glas schwarze Oliven 8 milde Sardellenfilets	*abtropfen lassen (Foto 3)*
	Salat auf 4 Teller verteilen, mit Eiern, Thunfisch, Oliven, Sardellenfilets garnieren (Foto 4).
Pro Portion	*E: 65 g; F: 68 g; Kh: 6 g; kJ: 3760; kcal: 896.*
Beilage	*Knuspriges Baguette.*
Tip	*Statt der Zwiebel können Sie auch 2 geputzte, in Ringe geschnittene Frühlingszwiebeln verwenden.*

Feldsalat mit Käse und Speck

	Von
150 g Feldsalat	*die Wurzelenden abschneiden (Foto 1), den Salat verlesen, waschen, gut abtropfen lassen oder trockenschleudern (Foto 2)*
100 g eingelegte Perlzwiebeln	*auf ein Sieb geben, abtropfen lassen (Foto 3)*
10 Cocktailtomaten	*waschen, evtl. halbieren oder vierteln*
200 g Holland-Doppelrahmkäse	*in dünne Scheiben, dann in kleine Würfel schneiden (Foto 4)*
125 g Frühstücksspeck (in dünnen Scheiben)	*aufrollen, die Röllchen halbieren, in einer Pfanne ohne Fettzugabe kroß ausbraten, die Salatzutaten auf vier Tellern anrichten.*
	Für die Salatsauce
2 EL Salatöl	*mit*
1 EL Essig	
4 EL Weißwein	
1 TL süßem Senf	
1 TL Zucker	*verrühren, mit*
Salz	
frisch gemahlenem Pfeffer	*würzen*
1 kleine Zwiebel	*abziehen, fein würfeln, unterrühren die Salatsauce über die Salatportionen verteilen.*
Pro Portion	*E: 13 g; F: 42 g; Kh: 6 g; kJ: 2052; kcal: 490.*

Gemüse liefert in unserer Ernährung wichtige Mineralstoffe, Spurenelemente, Vitamine, einen hohen Anteil an Kohlenhydraten und Ballaststoffen.

Gemüse wird in verschiedene Arten unterteilt, je nachdem welcher Teil der Pflanze verwendet wird: Zum Wurzel- und Knollengemüse gehören z. B. Möhren, Knollensellerie und Rote Bete. Blütengemüse sind z.B. Artischocken, Blumenkohl und Brokkoli. Zum Salat- und Blattgemüse gehören z. B. Chicorée, Kopfsalat und Spinat. Unter Stiel- und Sprossengemüse werden z. B. Staudensellerie und Spargel verstanden. Zum Kohlgemüse zählen vor allem Rotkohl, Weißkohl, Rosenkohl und Wirsing. Unter Zwiebelgemüse werden z. B. Frühlingszwiebeln, Porree (Lauch), Zwiebeln und Knoblauch zusammengefaßt. Zum Fruchtgemüse zählen z. B. Gurken, Paprika und Tomaten. Als Hülsenfrüchte werden z. B. Grüne Bohnen, Dicke Bohnen und Erbsen bezeichnet.

Grüne Bohnen (Schnitt- oder Brechbohnen)

Für Schnittbohnen eine flache, breite Sorte, am besten Stangenbohnen, nehmen, für Brechbohnen die runden, fleischigen, sogenannten Speckbohnen nehmen von

750 g grünen Bohnen *die Enden abschneiden, die Bohnen evtl. abfädeln, waschen, schneiden oder brechen*

Salzwasser oder Brühe *zum Kochen bringen, die Bohnen hineingeben, in 15–20 Minuten gar kochen lassen, zum Abtropfen auf ein Sieb geben*

2 Zwiebeln *abziehen, würfeln*

40 g Butter oder Margarine *zerlassen, die Zwiebelwürfel darin hellgelb dünsten, die Bohnen hinzufügen, andünsten, mit*

Salz, Pfeffer gerebeltem oder frischem Bohnenkraut *würzen, mit*

1 EL gehackter Petersilie *bestreuen*

Garzeit *15–20 Minuten.*

Pro Portion *E: 4 g; F: 9 g; Kh: 7 g; kJ: 541; kcal: 128.*

Veränderung: *250 g in Stücke geschnittene Tomaten 5 Minuten mitdünsten. Oder 40 g durchwachsenen Speck würfeln, auslassen, 20 g Butter hinzufügen, zerlassen, 1 Eßlöffel Zwiebelwürfel darin andünsten. Die Bohnen darin schwenken.*

Ratatouille

1 kleine Aubergine (250 g)
1 Zucchino (200 g)
1 große Paprikaschote (150 g) *waschen, trockentupfen, putzen, in Würfel schneiden*

2 mittelgroße Zwiebeln oder 1 Gemüsezwiebel *abziehen, in Würfel schneiden*

4 Knoblauchzehen *abziehen, in Stifte schneiden*

6 Tomaten *kurze Zeit in kochendes Wasser legen (nicht kochen lassen), in kaltem Wasser abschrekken, enthäuten, die Stengelansätze entfernen, die Tomaten entkernen, die Tomaten in Würfel schneiden*

4 EL Olivenöl *erhitzen, Zwiebel, Knoblauch darin anbraten, restliches Gemüse,*

1 Lorbeerblatt *hinzugeben, 15–20 Minuten schmoren, die letzten 5 Minuten die Tomaten hinzufügen, mit*

Salz, Kräutern der Provençe *abschmecken.*

Pro Portion *E: 3 g; F: 13 g; Kh: 8 g; kJ: 692; kcal: 166.*

Tip *Ratatouille eignet sich besonders als Beilage zu Lammfleischgerichten.*

Sauerkraut mit durchwachsenem Speck

2 Zwiebeln *abziehen, würfeln*

30 g Schweineschmalz *zerlassen (Foto 1), die Zwiebeln darin glasig dünsten (Foto 2)*

750 g mildes Sauerkraut *zerpflücken, hinzugeben, andünsten (Foto 3)*

125 ml (1/8 l) Wasser *hinzugießen*

250 g geräucherten, durchwachsenen Speck *hineingeben, gar dünsten lassen, den Speck herausnehmen, in Scheiben schneiden, Sauerkraut evtl. mit*

Salz, Zucker *abschmecken*

Dünstzeit *etwa 45 Minuten.*

Pro Portion *E: 9 g; F: 49 g; Kh: 5 g; kJ: 2173; kcal: 519.*

Beilage *Eisbein, Erbspüree und Kartoffelbrei, Kasseler Rippenspeer, geräucherte Mettwürstchen oder frische Blut- und Leberwurst.*

Abwandlung *1 Kartoffel, schälen, waschen, reiben, ins Sauerkraut geben, damit es sämig wird (Foto 4).*

Vorbereiten von Salaten

Blattsalate, z. B. Kopfsalat oder Eichblattsalat
- *in einzelne Blätter zerteilen*
- *mehrmals vorsichtig in kaltem Wasser waschen, die Blätter nicht drücken, nicht im Wasser liegen lassen, da wertvolle Nährstoffe ausgelaugt werden*
- *gründlich abtropfen lassen oder trockenschleudern*
- *nach Bedarf in kleinere oder größere Stücke zerpflücken*
- *Marinade (Salatsauce) erst kurz vor dem Servieren unterheben.*

Dicke Bohnen mit Speck

2 Zwiebeln	*abziehen, würfeln*
250 ml (1/4 l) Wasser	*zum Kochen bringen, Hitze reduzieren*
4 Scheiben Speck (je 100 g) 1 Zweig Bohnenkraut	*mit den gewürfelten Zwiebeln hineingeben, 20 Minuten köcheln, Speck herausnehmen*
750 g ausgepalte Dicke Bohnen (2 1/2–3 kg mit Hülsen)	*ins Wasser geben, 20 Minuten köcheln*
20 g Weizenmehl	*mit*
75 ml (1/2 Tasse) Milch	*glatt rühren, ins Kochwasser einrühren, mit*
Salz, Pfeffer	*abschmecken, Speck mit den Bohnen wieder erwärmen.*
Pro Portion	*E: 18 g; F: 82 g; Kh: 29 g; kJ: 4090; kcal: 977.*

Blumenkohl, polnisch

1 mittelgroßen Kopf Blumenkohl (750 g)	*in Röschen von etwa 3 cm Durchmesser teilen*
2 l Salzwasser	*aufkochen, Blumenkohlröschen etwa 10 Minuten darin köcheln, gut abtropfen lassen, in einem breiten Topf*
125 g Butter	*zerlassen, erhitzen, bis sie leicht braun wird, die Blumenkohlröschen hineingeben, mit*
Pfeffer Muskatnuß	*würzen, aus dem Topf nehmen, warm stellen, erneut*
25 g Butter	*auslassen,*
50 g frische Semmelbrösel	*hineinstreuen, anrösten, bis sie eine goldbraune Farbe angenommen haben Blumenkohl in einer Schüssel anrichten, mit geröstetem Semmelbröseln und*
1/2 EL gehackter Petersilie	*bestreuen.*
Pro Portion	*E: 5 g; F: 31 g; Kh: 12 g; kJ: 1504; kcal: 359.*

Blumenkohl mit heller Sauce

1 mittelgroßen Kopf Blumenkohl (750 g)	*von Blättern, schlechten Stellen und dem Strunk befreien (Foto 1), unter fließendem kaltem Wasser waschen, einige Zeit in*
kaltes Salzwasser	*legen, um Raupen und Insekten zu entfernen (Foto 2)*
250 ml (1/4 l) Salzwasser	
250 ml (1/4 l) Milch	*zum Kochen bringen, den Blumenkohl mit dem Strunk nach unten hineingeben (Foto 3), zum Kochen bringen, gar kochen lassen*
	den Blumenkohl mit einem Schaumlöffel herausheben (Foto 4), in eine vorgewärmte Schüssel geben, warm stellen
	von der Kochflüssigkeit 375 ml (3/8 l) abmessen (evtl. mit Milch ergänzen).
	Für die helle Sauce
25 g Butter	*zerlassen*
20 g Weizenmehl	*unter Rühren so lange darin erhitzen, bis es hellgelb ist*
375 ml (3/8 l) Flüssigkeit	*hinzugießen, mit einem Schneebesen durchschlagen, darauf achten, daß keine Klumpen entstehen, die Sauce zum Kochen bringen, etwa 5 Minuten kochen lassen*
1 Eigelb	*mit*
2 EL Schlagsahne	*verschlagen, die Sauce damit abziehen (nicht mehr kochen lassen), mit*
Salz	
Zitronensaft	*abschmecken, die Sauce über den Blumenkohl geben, mit*
1 EL gehackter Petersilie	*bestreuen*
Kochzeit für den Blumenkohl	*etwa 25 Minuten*
Kochzeit für die Sauce	*etwa 5 Minuten.*
Pro Portion	*E: 6 g; F: 11 g; Kh: 9 g; kJ: 720; kcal: 171.*

Gefüllte Paprikaschoten

	Von
4 großen Paprikaschoten (1 kg)	*einen Deckel abschneiden, Kerne und weiße Scheidewände entfernen (Foto 1), die Schoten waschen, abtrocknen, mit einer Nadel einige Male in den Boden jeder Paprikaschote stechen*
50 g Langkornreis (parboiled)	*in*
250 ml (1/4 l) kochendes Salzwasser	*geben, zum Kochen bringen, 12–15 Minuten ausquellen lassen, den garen Reis auf ein Sieb geben, mit kaltem Wasser übergießen, abtropfen lassen*
1 kleine Zwiebel	*abziehen, würfeln, mit dem Reis,*
1 Ei 160 g Rinderhack 160 g Schweinemett	*vermengen, mit*
Salz, Pfeffer	*abschmecken, die Füllung in die Schoten geben (Foto 2), die Deckel wieder darauf legen*
1 kleine Zwiebel	*abziehen, würfeln*
4 EL Olivenöl	*erhitzen, die Zwiebelwürfel darin andünsten, die Paprikaschoten nebeneinander hineinstellen (Foto 3)*
200 g Tomaten	*waschen, die Stengelansätze herausschneiden, die Tomaten in Stücke schneiden, dazugeben*
375 ml (3/8 l) heiße Gemüsebrühe	*hinzugießen, das Gemüse gar dünsten lassen, die Paprikaschoten herausnehmen und warm stellen, die Tomatensauce durch ein Sieb streichen (Foto 4), 375 ml (3/8 l) davon abmessen, zum Kochen bringen, evtl. etwas einkochen lassen*
2 EL Schlagsahne	*hinzufügen, die Sauce mit Salz,*
Zucker	*abschmecken*
Dünstzeit	*etwa 50 Minuten.*
Pro Portion	*E: 21 g; F: 34 g; Kh: 19 g; kJ: 2013; kcal: 480.*
Tip	*Die Sauce nach Belieben mit etwas mit kaltem Wasser angerührten Weizenmehl binden.*

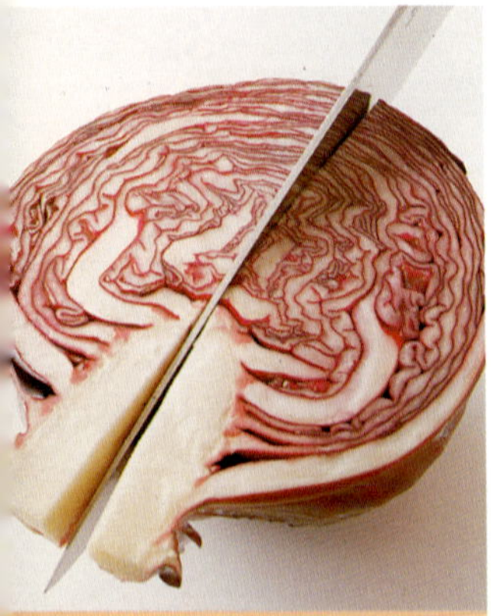

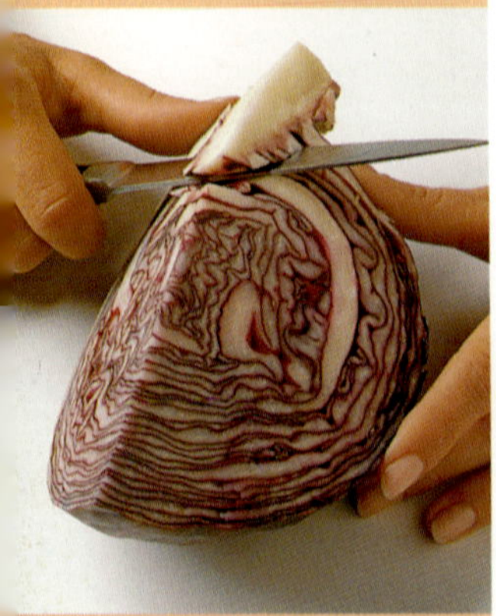

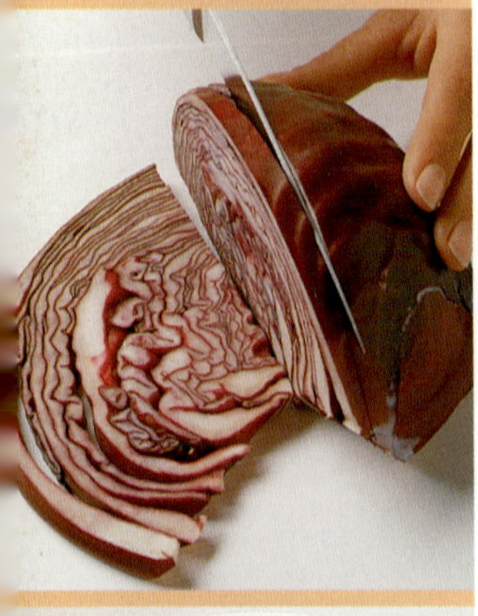

Rotkohl

	Von
1 kg Rotkohl	*die groben äußeren Blätter ablösen, den Kohl vierteln (Foto 1), den Strunk herausschneiden (Foto 2), den Kohl waschen, sehr fein schneiden (Foto 3) oder hobeln*
3 mittelgroße saure Äpfel	*schälen, vierteln, entkernen, kleinschneiden*
60 g Schweineschmalz	*zerlassen, Kohl und Apfelstücke dazugeben, andünsten*
1 mittelgroße Zwiebel	*abziehen, mit*
1 Lorbeerblatt einigen Gewürznelken	*spicken (Foto 4), mit*
100 g Schinkenschwarte Salz Zucker 1–2 EL Essig 125 ml (1/8 l) Wasser	*hinzufügen, den Rotkohl gar dünsten lassen, mit Salz, Zucker, Essig abschmecken*
Garzeit	*etwa 1 1/2 Stunden.*
Pro Portion	*E: 9 g; F: 20 g; Kh: 15 g; kJ: 1202; kcal: 286.*
Veränderung	*Anstelle von Wasser Weiß- oder Rotwein nehmen; evtl. auch 1 Eßlöffel Johannisbeergelee mitkochen oder 2 Eßlöffel Preiselbeerkompott unterrühren.*
Tip	*Es ist empfehlenswert, Rotkohl in größeren Mengen zuzubereiten und ihn dann portionsweise einzufrieren. Einzufrierender Rotkohl sollte noch „Biß" haben, also nicht zu gar sein.*

Leipziger Allerlei

(8 Portionen)

250 g Spargel	*waschen, von oben nach unten dünn schälen (Foto 1), in 4 cm lange Stücke schneiden*
500 g Erbsen in der Schote (oder 250 g tiefgekühlte)	*aus der Schote palen*
1 kleinen Blumenkohl	*putzen, waschen, in Röschen teilen (Foto 2)*
250 g Zuckerschoten	*waschen, die Enden abschneiden*
250 g Kohlrabi	*schälen, waschen, in Würfel schneiden*
250 g Möhren	*schälen, waschen, in Scheiben schneiden in einem großen Topf*
1 l Gemüsebrühe	*zum Kochen bringen Blumenkohlröschen zugeben, nach 10 Minuten den Spargel und die Erbsen zufügen, weitere 10–20 Minuten garen Gemüse auf einem Durchschlag abtropfen lassen (Foto 3) die Hälfte von*
80 g Butter	*zerlassen (Foto 4) Zuckerschoten, Kohlrabi, Möhren darin andünsten, mit*
Salz frisch gemahlenem Pfeffer	*würzen, in etwa 15 Minuten gar dünsten*
1 Bund glatte Petersilie	*abspülen, trockentupfen, die Blättchen von den Stengeln zupfen, fein hacken mit der restlichen Butter, dem abgetropften Gemüse unter das gedünstete Gemüse heben.*
Pro Portion	*E: 5 g; F: 9 g; Kh: 38 g; kJ: 1856; kcal: 252.*
Beilage	*Feine Fleischgerichte.*

Kohlrouladen

	Von
1½ kg Weißkohl oder Wirsing	*den Strunk herausschneiden, den Kohl kurze Zeit in*
kochendes Salzwasser	*legen (Foto 1), bis sich die äußeren Blätter lösen, diesen Vorgang wiederholen, bis alle Blätter gelöst sind, abtropfen lassen, die dicken Rippen flachschneiden (Foto 2).*
	Für die Füllung
1 altbackenes Brötchen (Semmel)	*in kaltem Wasser einweichen, gut ausdrücken*
1 mittelgroße Zwiebel	*abziehen, würfeln, die Zutaten mit*
1 Ei	
250 g Rinderhack	
125 g Schweinemett	*vermengen, mit*
Salz, Pfeffer	*abschmecken, 2–3 große Kohlblätter übereinanderlegen, einen Teil der Füllung darauf geben (Foto 3) und die Blätter aufrollen* *die Rouladen mit einem Faden oder einem blanchierten Lauchstück umwickeln (Foto 4) oder mit Rouladennadeln zusammenhalten*
75 g Speiseöl	*erhitzen, die Rouladen von allen Seiten gut darin bräunen*
etwas heißes Wasser	*hinzugießen, die Rouladen schmoren lassen, von Zeit zu Zeit wenden, verdampfte Flüssigkeit nach und nach durch heißes Wasser ersetzen* *wenn die Rouladen gar sind, die Fäden (Rouladennadeln) entfernen* *die Rouladen auf einer vorgewärmten Platte anrichten*
20 g Weizenmehl	*mit*
2 EL kaltem Wasser	*anrühren, die Flüssigkeit damit binden, etwa 5 Minuten kochen lassen, die Sauce mit Salz abschmecken*
Schmorzeit	*etwa 50 Minuten.*
Pro Portion	*E: 20 g; F: 34 g; Kh: 21 g; kJ: 2049; kcal: 490.*

Blattspinat

500 g frischen	
Spinat	*putzen, Stiele entfernen (Foto 1), waschen, abtropfen lassen (Foto 2)*
250 ml (1/4 l)	
Wasser	*mit*
Salz	*stark würzen, zum Kochen bringen, Hitze reduzieren*
2 Knoblauchzehen	*abziehen, ins Wasser geben, 10 Minuten köcheln*
	Spinat ins Wasser geben, erneut aufkochen, 4 Minuten blanchieren (Foto 3)
	Spinat gut abtropfen lassen
40 g Butter	*erwärmen, Spinat darin schwenken*
2 EL Olivenöl	*unterrühren, mit*
40 g frisch geriebenen	
Parmesan	*bestreuen (Foto 4).*
Pro Portion	*E: 8 g; F: 11 g; Kh: 7 g; kJ: 707; kcal: 169.*

Rosenkohl

	Von
750 g Rosenkohl	
	die beschädigten und fleckigen äußeren Blättchen entfernen, etwas vom Strunk abschneiden, die Rosenkohlröschen am Strunk kreuzförmig einschneiden, die Röschen waschen, abtropfen lassen, in kochendes
Salzwasser	*geben, zum Kochen bringen, gar kochen, zum Abtropfen auf ein Sieb geben*
50 g Butter	*zerlassen, den Rosenkohl darin schwenken, mit*
Salz	
Muskatnuß	*würzen,*
Kochzeit	*etwa 15 Minuten.*
Pro Portion	*E: 7 g; F: 11 g; Kh: 6 g; kJ: 632; kcal: 152.*

„Kartoffeln gehören in den Keller", hieß es in einer Zeit, als sie als langweilige Dickmacher galten. Wie alle Vorurteile war auch dieses dumm. Kartoffeln machen nicht dick. Sie haben weniger Kalorien als Brot, Nudeln oder Reis.

Darüber hinaus ist die Kartoffel das Chamäleon unter den Gemüsen, eine wahre Herausforderung für den Koch. Es gibt kein anderes Gemüse, dem man durch unterschiedliche Zubereitung so zahlreiche Geschmacksnuancen entlocken kann.

Kartoffeln haben eine große Bedeutung als Beilage und als Grundlage für die unterschiedlichsten Gerichte. Die wichtigsten Bestandteile sind Kohlenhydrate, die leicht vom Körper aufgenommen werden und schnell Energie zuführen. Kartoffeln enthalten wenig Fett und sind leicht verdaulich. Sie liefern darüber hinaus die Mineralstoffe Kalium, Phosphor, Calcium und Eisen und die Vitamine A, B_1, Niacin und vor allem Vitamin C. Wichtig für die Verwendung der verschiedenen Kartoffelsorten sind die Kocheigenschaften. Es werden festkochende, vorwiegend festkochende und mehlig festkochende Kartoffeln unterschieden.

Festkochende Kartoffeln eignen sich besonders gut für Salat. Vorwiegend festkochende Kartoffeln werden für Eintöpfe, Salzkartoffeln und Bratkartoffeln verwendet. Mehlig festkochende Kartoffelsorten bieten sich für Kartoffelbrei, Klöße (Knödel), Suppen und zum Binden von Suppen, Saucen und Gemüse an.

Salzkartoffeln

750 g Kartoffeln *waschen, mit einem Sparschäler dünn schälen. Augen entfernen, nochmals waschen, größere Kartoffeln ein- oder zweimal durchschneiden, in*

Salzwasser *zum Kochen bringen, Kartoffeln gar kochen lassen, abgießen, im offenen Topf unter öfterem Schütteln abdämpfen lassen oder zum Abdämpfen ein Küchentuch zwischen Topf und Deckel legen*

Kochzeit *15–20 Minuten.*

Pro Portion *E: 4 g; F: 0 g; Kh: 28 g; kJ: 544; kcal: 129.*

Schal- oder Pellkartoffeln

1 kg gleichgroße Kartoffeln einer Sorte *in kaltem Wasser gründlich bürsten, waschen, evtl. mit*

1 TL Kümmel *in*

Salzwasser *zum Kochen bringen, gar kochen lassen, abgießen, die Kartoffeln im offenen Topf unter öfterem Schütteln abdämpfen lassen oder zum Abdämpfen ein Küchentuch zwischen Topf und Deckel legen*

Kochzeit *20–25 Minuten.*

Pro Portion *E: 5 g; F: 0 g; Kh: 38 g; kJ: 736; kcal: 175.*

Kartoffelbrei

1 kg mehlig-kochende Kartoffeln *waschen, mit dem Sparschäler schälen (Foto 1), waschen, in gleichgroße Stücke schneiden (Foto 2), in*

Salzwasser *zum Kochen bringen, gar kochen lassen, abgießen, sofort durch die Kartoffelpresse geben (Foto 3)*

75 g Butter
250 ml (1/4 l) heiße Milch *hinzufügen*
den Topf auf die Kochstelle setzen, den Brei so lange schlagen, bis eine einheitliche Masse entstanden ist (Foto 4), mit

Salz
geriebener Muskatnuß *würzen*

Kochzeit *etwa 20 Minuten.*

Pro Portion *E: 7 g; F: 18 g; Kh: 41 g; kJ: 1504; kcal: 358.*

Veränderung *Den Kartoffelbrei mit in Fett gebräunten Zwiebelringen oder gerösteten Semmelbröseln anrichten.*

Tip *Vor dem Servieren 4 Eßlöffel geriebenen Käse unter den Kartoffelbrei rühren, oder 100 g Speck- und 100 g Zwiebelwürfel braten und unterrühren.*

Bratkartoffeln aus rohen Kartoffeln

1 kg festkochende Kartoffeln	*waschen, schälen, in Scheiben schneiden, waschen, gut abtupfen*
2 mittelgroße Zwiebeln	*in Ringe schneiden*
75 g geräucherten, durchwachsenen Speck	*in kleine Würfel schneiden*
5 EL Speiseöl	*erhitzen, die Speckwürfel darin auslassen, den ausgelassenen Speck herausnehmen, beiseite stellen* *Kartoffeln ins Öl geben, mit ausreichend*
Salz	*bestreuen, wenden, damit das Salz gleichmäßig verteilt wird* *die Kartoffeln unter gelegentlichem Wenden goldbraun braten* *Temperatur reduzieren, die Zwiebeln und den Speck unterheben, weiter braten, bis die Zwiebeln gar sind.*
Pro Portion	*E: 7 g; F: 27 g; Kh: 39 g; kJ: 1839; kcal: 438.*

Bratkartoffeln, Bauernfrühstück

(Foto Seite 116/117)

1 kg Kartoffeln	*waschen, in Wasser zum Kochen bringen, gar kochen lassen, abgießen, abdämpfen, dazu ein Küchentuch zwischen Topf und Deckel legen (Foto 1), Kartoffeln pellen, erkalten lassen, in Scheiben schneiden*
30 g durchwachsenen Speck	*in Würfel schneiden (Foto 2)*
1 große Zwiebel	*abziehen, würfeln*
50 g Speiseöl	*in einer Bratpfanne erhitzen, Speck- und Zwiebelwürfel hineingeben, auslassen (Foto 3), Kartoffelscheiben zufügen, mit*
Salz	*bestreuen, braun braten, vorsichtig wenden (Foto 4)*
Kochzeit	*15–20 Minuten*
Bratzeit	*etwa 10 Minuten.*
Pro Portion	*E: 6 g; F: 17 g; Kh: 38 g; kJ: 1426; kcal: 340.*

Tip *Kartoffeln schon am Vorabend kochen. Die Stärke bindet über Nacht, und die Kartoffeln werden beim Braten knuspriger. Übriggebliebene Salzkartoffeln ebenso braten. Für Bauernfrühstück 4 Zwiebeln und 75 g durchwachsenen Speck verwenden, die braungebratenen Kartoffeln mit einer Eiermilch aus 3 Eiern, 3 Eßlöffel Milch, Salz, Pfeffer, Paprika, geriebener Muskatnuß übergießen, die Eiermilch stocken lassen, evtl. einmal wenden.*

Kartoffeln-Pfannkuchen, Kartoffelpuffer, Reibekuchen

(8 Portionen – etwa 40 Stück)

2 kg Kartoffeln *waschen, schälen*

1 mittelgroße Zwiebel *abziehen*

beide Zutaten waschen, reiben (Foto 1), mit

Salz

4 Eiern

60 g Weizenmehl *verrühren (Foto 2)*

etwas von

250 ml (1/4 l) Speiseöl *in einer Bratpfanne erhitzen, den Teig eßlöffelweise hineingeben (Foto 3), flach drücken, von beiden Seiten braun und knusprig backen, überschüssiges Fett auf Haushaltspapier abtropfen lassen (Foto 4).*

Pro Portion *E: 10 g; F: 35 g; Kh: 44 g; kJ: 2271; kcal: 542.*

Beilage *Kompott, Apfelmus, Kümmelquark, Brot, Butter.*

Tip *Wer es würzig mag, gibt kleingehackten Schinken, geriebenen Käse oder gehackte Kräuter unter den Kartoffelteig. Dazu schmeckt grüner Salat.*

Folienkartoffeln mit Kräuterquark

8 mittelgroße Kartoffeln	*unter fließendem kaltem Wasser gründlich bürsten, abtrocknen, schräg einschneiden (Foto 1), mit*
Salz	*bestreuen, 8 Stück Alufolie mit*
Speiseöl	*bestreichen, jeweils 1 Kartoffel einpacken (Foto 2), auf den heißen Grillrost legen, etwa 40 Minuten grillen, Kartoffeln mehrmals wenden.*
	Für die Füllung
200 g Sahnequark	*mit*
2 EL Crème fraîche	*verrühren*
1 große Zwiebel	*abziehen, sehr klein würfeln, mit*
1 EL Schnittlauchröllchen	
1 EL gehackter Pimpinelle oder Petersilie	*unter den Quark rühren, mit*
frisch gemahlenem schwarzem Pfeffer	
Salz	*würzen, die Päckchen vom Grill nehmen, die Folie öffnen, die Kartoffeln mit einer Gabel etwas aufreißen (Foto 3), den Kräuterquark darauf verteilen (Foto 4).*
Pro Portion	*E: 9 g; F: 8 g; Kh: 24 g; kJ: 900; kcal: 214.*
Tip	*Anstatt mit Kräuterquark mit Kräuterbutter füllen. Dafür in jede Kartoffel mit Hilfe eines Apfelausstechers ein Loch stechen, mit Kräuterbutter füllen und die Kartoffeln in Alufolie gewickelt wie oben grillen.*

Kartoffelsalat

750 g kleine, festkochende Kartoffeln	*waschen, in der Schale etwa 20 Minuten kochen, über Nacht kühl stellen, pellen, in Scheiben schneiden*
1 Zwiebel	*abziehen,*
250 g Gewürzgurken	*beide Zutaten in kleine Würfel schneiden, mit den Kartoffeln vermengen*
200 g Mayonnaise	*unterheben, 30 Minuten ziehen lassen, mit*
etwas Gurkenwasser Salz, Pfeffer	*abschmecken, mit*
2 EL gehackter Petersilie	*garnieren.*
Pro Portion	*E: 5 g; F: 15 g; Kh: 35 g; kJ: 1285; kcal: 307.*

Speckkartoffelsalat

1000 g kleine, festkochende Kartoffeln	*in der Schale etwa 20 Minuten kochen, über Nacht kühl stellen, pellen (Foto 1), in Scheiben schneiden*
1 Zwiebel	*abziehen, in sehr feine Würfel schneiden*
75 g geräucherten, durchwachsenen Speck	*in sehr feine Würfel schneiden (Foto 2), auslassen, die Zwiebel andünsten, mit*
4 EL Essig 75 ml kalter Fleischbrühe 50 ml Speiseöl	*ablöschen (Foto 3), über die Kartoffeln geben (Foto 4), unterheben, mit*
Salz, frisch gemahlenem schwarzen Pfeffer	*würzen, mindestens 1 Stunde kühl stellen, ziehen lassen.*
Pro Portion	*E: 7 g; F: 25 g; Kh: 38 g; kJ: 1773; kcal: 423.*

Kartoffelklöße

750 g Kartoffeln	*waschen, in Wasser zum Kochen bringen, gar kochen lassen, abgießen, pellen, sofort durch die Kartoffelpresse geben (Foto 1), bis zum nächsten Tag kalt stellen*
50 g Semmelbrösel	
20 g Weizenmehl	
2 Eier	*unterkneten (Foto 2), den Teig mit*
Salz	
geriebener Muskatnuß	*abschmecken*
	aus dem Teig mit bemehlten Händen 12 Klöße formen (Foto 3), in
kochendes Salzwasser	*geben (Foto 4), zum Kochen bringen, gar ziehen lassen (Wasser muß sich leicht bewegen), die garen Klöße gut abtropfen lassen*
Kochzeit für die Kartoffeln	*20 Minuten*
Garzeit für die Klöße	*20–25 Minuten.*
Pro Portion	*E: 10 g; F: 4 g; Kh: 41 g; kJ: 1035; kcal: 247.*
Tip	*1 Eßlöffel gehackte Petersilie und 100 g Speckwürfel (magerer, durchwachsener Speck, angedünstet) unter die Kartoffelmasse rühren. Kartoffelklöße zu Sauerbraten oder Schweinebraten, Rotkohl oder Brokkoli reichen.*

Kartoffelgratin

1 kg vorwiegend festkochende Kartoffeln	*waschen, schälen, in Scheiben schneiden, waschen, mit Küchenpapier trockentupfen, eine flache Auflaufform mit*
40 g Butter	*fetten, Kartoffelscheiben aufrecht in die Form stellen (Foto 1), mit*
Salz geriebener Muskatnuß	*bestreuen (Foto 2)*
250 ml (1/4 l) Schlagsahne	*mit*
125 ml (1/8 l) Milch	*verrühren, mit Salz abschmecken, über die Kartoffeln gießen (Foto 3), einige Butterflöckchen auf die Kartoffeln geben (Foto 4), die Auflaufform auf dem Rost in den Backofen schieben*
Ober-/Unterhitze	*170–200 °C (vorgeheizt)*
Heißluft	*150–180 °C (nicht vorgeheizt)*
Gas	*Stufe 4–5 (vorgeheizt)*
Backzeit	*40–50 Minuten.*
Pro Portion	*E: 8 g; F: 29 g; Kh: 41 g; kJ: 1947; kcal: 465.*
Abwandlung	*10 Minuten vor Ende der Garzeit das Kartoffelgratin mit 100 g geriebenem Greyerzer oder Emmentaler Käse bestreuen.*

Hausmachernudeln

500 g Weizenmehl	*in eine Schüssel sieben, in die Mitte eine Vertiefung drücken (Foto 1)*
3–4 Eier (je nach Größe)	*in die Vertiefung geben, mit einem Knethaken verkneten (Foto 2)*
1 TL Salz	*in*
4 EL Wasser	*auflösen, unter den Teig arbeiten kräftig kneten, bis ein seidig geschmeidiger Teig entstanden ist falls er zu fest ist, noch 2 Eßlöffel Wasser zugeben Teig in ein Tuch geben, 30 Minuten ruhen lassen*
Weizenmehl	*auf ein Küchentuch sieben, den Teig dünn ausrollen, in Streifen schneiden (Foto 3) oder mit der Nudelmaschine formen (Foto 4) den Teig leicht antrocknen lassen, in*
$2^{1}/_{2}$ l kochendes Salzwasser	*geben, in sprudelnd kochendem Wasser garen, die garen Nudeln auf ein Sieb geben, mit kaltem Wasser übergießen, abtropfen lassen, in*
40 g zerlassener Butter	*schwenken*
Garzeit	*6–10 Minuten.*
Pro Portion	*E: 21 g; F: 8 g; Kh: 93 g; kJ: 2364; kcal: 565.*
Tip	*Wenn die Nudeln vollkommen trocken sind, können sie in einem fest schließenden Behälter aufbewahrt werden.*

Grüne Nudeln

250 g Spinat	*verlesen, waschen, tropfnaß in einen Topf geben, kurz erhitzen, pürieren, erkalten lassen*
250 g Weizenmehl	*auf eine Arbeitsfläche sieben*
250 g Hartweizengrieß	*darauf geben, in die Mitte eine Vertiefung drücken*
3 Eier	*mit*
1 EL Speiseöl	
1 TL Salz	*verschlagen, in die Vertiefung geben,*

mit einem Teil des Mehl-Grieß-Gemisches zu einem dicken Brei verarbeiten, den Spinat hinzufügen, von der Mitte aus alle Zutaten schnell zu einem glatten Teig verkneten

Weiterverarbeitung *siehe Hausmachernudeln (auf Seite 128).*

Pro Portion *E: 15 g, F: 6 g, Kh: 61 g, kJ: 1589, kcal: 380.*

Spätzle

250 g Weizenmehl *in eine Rührschüssel sieben (Foto 1)*

2 kleine Eier
1 TL Salz
4 EL saure Sahne *dazugeben, den Teig so lange mit Handrührgerät mit Knethaken kräftig verrühren, bis der Teig glatt ist und Blasen wirft (Foto 2)*
den Teig etwa 30 Minuten quellen lassen
anschließend den Teig durch eine Spätzlepresse (Foto 3) oder einen Spätzlehobel (Foto 4) portionsweise direkt in

kochendes Salzwasser *geben, sobald die Spätzle auf der Oberfläche schwimmen, sind sie gar*
die Spätzle mit einer Schaumkelle abschöpfen, gut abtropfen lassen, in

40 g heißer Butter *schwenken*

Kochzeit *3–5 Minuten.*

Pro Portion *E: 11 g; F: 15 g; Kh: 47 g; kJ: 1609; kcal: 385.*

Tip *Für grüne Spätzle 2 Bund gewaschene abgetropfte Petersilie, für rote Spätzle 2 Eßlöffel Tomatenmark unter den Teig rühren.*

Spaghetti carbonara

100 g Parmesan	*reiben (Foto 1)*
75 g geräucherten, durchwachsenen Speck	*in feine Würfel schneiden*
	den geriebenen Parmesan mit
2 Bechern (je 150 g) Crème fraiche	
1 kleinen Ei	
1/2 EL gehacktem Basilikum	*einrühren, mit*
Salz	
Tabasco	*abschmecken*
3 l Salzwasser	*zum Kochen bringen*
500 g Spaghetti	*in das sprudelnde Wasser geben, 12 Minuten kochen, zwischendurch probieren (Foto 2), abschrecken, abtropfen lassen*
1 EL Olivenöl	*erhitzen, Speckwürfel darin auslassen, aus der Pfanne nehmen*
	Spaghetti in der Pfanne wieder erwärmen (Foto 3), Speckwürfel und Sahne-Käse-Sauce unterheben (Foto 4), Sauce nicht mehr kochen lassen.
Pro Portion	*E: 31 g, F: 49 g, Kh: 88 g, kJ: 4025, kcal: 961.*

Kochreis

1 mittelgroße Zwiebel	*abziehen, würfeln, in*
2 l Salzwasser	*zum Kochen bringen*
250 g Langkornreis (parboiled)	*hineingeben, umrühren, zum Kochen bringen, sprudelnd kochen lassen*
	den garen Reis auf ein Sieb geben, mit kaltem Wasser übergießen, gut abtropfen lassen
30 g Butter	*erhitzen, den Reis darin schwenken*
Kochzeit	*etwa 20 Minuten.*
Pro Portion	*E: 5 g; F: 6 g; Kh: 51 g; kJ: 1131; kcal: 270.*
Veränderung	*Etwas Currypulver mit der Butter erhitzen.*
Tip	*Der Reis kann bereits am Vortag oder einige Stunden vor dem Verzehr gekocht werden. Dann wird er kurz vor dem Servieren in einer großen Pfanne mit Deckel in Butter erhitzt.*

Milchreis

1 l Milch	*mit*
1–2 EL Butter	
Salz	
1 EL Zucker	
Zitronenschale (unbehandelt)	*zum Kochen bringen*
125 g Milchreis (Rundkorn)	*hineingeben, zum Kochen bringen, ausquellen lassen, mit*
Zucker	*und*
Zimt	*bestreuen*
Kochzeit	*etwa 40 Minuten.*
Pro Portion	*E: 9 g; F: 14 g; Kh: 26 g; kJ: 1143; kcal: 272.*
Tip	*Den Reis mit 30 g Zucker kochen, in einer kalt ausgespülten Form erkalten lassen, stürzen, mit rohem Fruchtsaft, Kompott oder eingezuckerten rohen Beerenfrüchten reichen, in diesem Fall den Reis nicht mit Zimt, sondern mit Vanillin-Zucker bestreuen.*

Reis wird in drei Hauptsorten unterschieden: Langkorn-, Rundkorn und Mittelkornreis. Langkornreis, auch Patnareis genannt, wird bei uns sehr häufig verwendet. Er hat lange, schlanke Körner, die roh leicht glasig aussehen. Nach dem Garen ist er locker und trocken, deshalb eignet er sich für alle pikanten Reisgerichte.
Rundkorn oder Milchreis hat runde, stumpfe Körner mit weißer Oberfläche. Er gibt beim Ausquellen sehr viel Stärke ab und wird dadurch sehr weich und breiig. Er wird fast ausschließlich für die Zubereitung von Süßspeisen verwendet.
Mittelkornreis wird bei uns sehr selten angeboten. Er ist die Sorte, die in Form und Kocheigenschaften zwischen den beiden anderen Sorten liegt, er eignet sich besonders gut für Risotto. Parboiled Reis ist so vorbehandelt, daß ein Teil der B-Vitaminen ins Korn eindringen und erhalten bleiben. Seine für den Koch wichtigste Eigenschaft ist, daß er nicht klumpt, sondern beim Kochen innen körnig bleibt.

Gemüsereis

1 Möhre	*putzen, schälen*
100 g Sellerie	*schälen*
1 Stange Porree (Lauch)	*putzen, längs halbieren, das Gemüse waschen, in feine Streifen schneiden (Foto 1)*
1 Zwiebel	*abziehen, in feine Würfel schneiden*
1 EL Butter	*zerlassen*
1 EL Speiseöl	*dazugeben, das Gemüse etwa 5 Minuten darin dünsten lassen*
200 g Naturreis (ungeschält)	*hinzufügen, kurz andünsten (Foto 2)*
250 ml (1/4 l) Weißwein	
500 ml (1/2 l) Gemüsebrühe	
	die beiden Zutaten hinzugießen, zum Kochen bringen, den Reis quellen lassen (Foto 3) etwa 5 Minuten vor Beendigung der Garzeit
150 g Mungobohnenkeimlinge	*dazugeben, den Reis ausquellen lassen*
150 g Schafskäse	*sehr fein zerbröckeln (Foto 4), über den Reis streuen*
Garzeit	*etwa 35 Minuten.*
Pro Portion	*E: 14 g; F: 14 g; Kh: 44 g; kJ: 1747; kcal: 417.*
Tip	*Mungobohnen werden wie folgt zum Keimen gebracht: Mungobohnen 12–24 Stunden mit kaltem Wasser bedeckt auf einem Teller stehen lassen, danach das Wasser abgießen, die Bohnen alle 12 Stunden mit kaltem Wasser abspülen. Am Ende des dritten Tages sind die Bohnen ausgekeimt.*

Aufläufe stellen eine kulinarische Überraschung dar. Sie sind Beilage und Hauptgericht, Beginn und Abschluß einer Mahlzeit in einem.

Auflaufrezepte gibt es in großer Zahl, da die verschiedensten Zutaten kombiniert werden können: Gemüse und Fleisch, Nudeln und Sauce, Kartoffeln und Gemüse, mal pikant und – mit Obst – auch mal süß. Immer gut gewürzt und mit Käsesauce, Sahne oder Crème fraîche, mit Eiern verquirlt, überbacken.

Schon nach nur kurzer Auflauferfahrung kann jeder sein eigenes Rezept zusammenstellen: Auflauf „nach Art des Hauses".

Moussaka

(Foto Seite 134/135)

1 kg vorwiegend festkochende Kartoffeln *waschen, schälen, in Stifte schneiden*

2 Auberginen (je 350 g) *waschen, schälen, längs halbieren, in 1 cm dicke Scheiben schneiden (Foto 1), salzen, 10 Minuten ziehen lassen, abtupfen*

2 große Paprikaschoten (je 150 g) *waschen, vierteln, entkernen, die weißen Scheidewände entfernen, in Streifen schneiden*

3 Zwiebeln
2 Knoblauchzehen *abziehen, in feine Würfel schneiden*

750 g Tomaten *in kochendem Wasser brühen, in kaltem Wasser abschrecken, häuten, vierteln, die Stielansätze herausschneiden, würfeln*

400 g Schafskäse *zerbröckeln (Foto 2),*
3 Eier
1 Tasse (150 ml) Milch *verquirlen*

Auflaufform mit
3 EL Speiseöl *ausfetten, Kartoffeln auf den Boden geben*

500 g Schweinemett *zerpflücken (Foto 3), auf die Kartoffeln geben, darüber Zwiebeln, Auberginen, Paprika, Tomaten, jede Schicht leicht salzen*

die bedeckte Auflaufform auf den Rost in den Backofen schieben

Ober-/Unterhitze *200–220 °C (vorgeheizt)*
Heißluft *180–200 °C (nicht vorgeheizt)*
Gas *Stufe 4–5 (nicht vorgeheizt)*
Backzeit *etwa 45 Minuten,*

nach 25 Minuten den Deckel abnehmen, Käsemasse auf den Auflauf gießen (Foto 4), bei Oberhitze etwa 5 Minuten überbacken.

Pro Portion *E: 56 g; F: 71 g; Kh: 55 g; kJ: 4651; kcal: 1112.*

Cannelloni in pikanter Tomatensauce

1 kg Tomaten	*kurze Zeit in kochendes Wasser legen (nicht kochen lassen), in kaltem Wasser abschrecken, enthäuten, die Stengelansätze herausschneiden, die Tomaten würfeln*
1 Zwiebel	*abziehen, fein würfeln*
2 EL Olivenöl	*erhitzen, die Zwiebelwürfel hellgelb darin dünsten, Tomatenwürfel zum Kochen bringen, kurz aufkochen lassen, mit*
Salz, Pfeffer gerebeltem Oregano	*würzen*
1 EL gehackte Petersilie	*unterrühren*
1 Brötchen (Semmel)	*in kaltem Wasser einweichen*
2 mittelgroße Zwiebeln	*abziehen, fein würfeln*
500 g Hackfleisch (halb Rind-, halb Schweinefleisch)	*mit dem gut ausgedrückten Brötchen, den Zwiebelwürfeln,*
1 EL gehackter Petersilie	*vermengen, mit Salz, Pfeffer abschmecken, die Fleischmasse in einen Spritzbeutel füllen (Foto 1), in*
16 rohe Cannelloni (aus der Packung)	*spritzen (Foto 2)*
	etwas von der Tomatenmasse in eine gefettete flache Auflaufform geben (Foto 3), die gefüllten Cannelloni nebeneinander hineinlegen (Foto 4), die restliche Tomatenmasse darüber verteilen
20 g Butter	*in Flöckchen darauf setzen, mit*
50 g geriebenem Gouda-Käse	*bestreuen*
	die Auflaufform auf dem Rost in den Backofen schieben
Ober-/Unterhitze	*200–220 °C (vorgeheizt)*
Heißluft	*180–200 °C (nicht vorgeheizt)*
Gas	*Stufe 4–5 (nicht vorgeheizt)*
Backzeit	*etwa 50 Minuten.*
Pro Portion	*E: 50 g; F: 45 g; Kh: 109 g; kJ: 4568; kcal: 1092.*

Lasagne

3 l Wasser	*zum Kochen bringen*
10 Lasagneblätter	*in das sprudelnde Wasser geben (Foto 1), etwa 10 Minuten köcheln, abtropfen lassen, unter kaltem Wasser abschrecken.*
	Für die Bologneser Sauce
2 Zwiebeln	
1 Knoblauchzehe	*abziehen, in feine Würfel schneiden*
3 EL Olivenöl	*erhitzen*
300 g Mett	*hineingeben, knusprig braten, dabei ständig mit dem Holzlöffel teilen (Foto 2), damit das Mett nicht klumpt, Zwiebeln, Knoblauch*
1 Lorbeerblatt	*hinzugeben, Zwiebeln, Knoblauch glasig dünsten*
750 g Tomaten	*in kochendem Wasser brühen, in kaltem Wasser abschrecken, häuten, vierteln, die Stielansätze herausschneiden, würfeln, mit*
1/2 EL gehacktem	
Basilikum	*zum Mett geben, 30 Minuten köcheln, mit*
Salz, Tabasco	*abschmecken.*
	Für die Béchamelsauce
15 g Butter	*zerlassen*
15 g Weizenmehl	*unter Rühren so lange darin erhitzen, bis das Mehl hellgelb ist*
250 ml (1/4 l) Milch	*nach und nach hinzugießen, mit dem Schneebesen durchschlagen, damit keine Klumpen entstehen, aufkochen, 15 Minuten köcheln, mit*
Salz, Pfeffer	*abschmecken, Auflaufform mit*
20 g Butter	*ausfetten, auf den Boden etwas Bologneser Sauce geben (Foto 3), darauf 2 Lasagneblätter, dann Bologneser Sauce, Béchamelsauce, usw. (Foto 4),*
200 g Gouda	*raspeln, auf die oberste Schicht Lasagneblätter streuen, darauf noch etwas Bologneser Sauce geben, abgedeckt in den Ofen schieben*
Ober-/Unterhitze	*200–220 °C (vorgeheizt)*
Heißluft	*180–200 °C (nicht vorgeheizt)*
Gas	*Stufe 4–5 (nicht vorgeheizt)*
Backzeit	*etwa 30 Minuten*
	Deckel abnehmen, bei Oberhitze 5 Minuten überbacken.
Pro Portion	*E: 35 g; F: 55 g; Kh: 42 g; kJ: 3488; kcal: 834.*

Lasagne mit Gemüse

3 l Salzwasser *zum Kochen bringen*

10 Lasagneblätter *in das sprudelnde Wasser geben, etwa 10 Minuten köcheln, abtropfen lassen, unter kaltem Wasser abschrecken.*

400 g Blattspinat *putzen, waschen, mit*

1 abgezogenen Knoblauchzehe *in Salzwasser 4 Minuten blanchieren, abtropfen lassen, in 1 TL Butter schwenken*

1 große Fenchelknolle (400 g) *putzen, waschen, abtropfen, in Streifen schneiden (Foto 1), in Salzwasser 4 Minuten blanchieren, abtropfen lassen, in*

1 TL Butter *schwenken (Foto 2).*

Für die Béchamelsauce

15 g Butter *zerlassen*

15 g Weizenmehl *unter Rühren so lange darin erhitzen, bis das Mehl hellgelb ist*

250 ml (1/4 l) Milch *nach und nach hinzugießen, mit dem Schneebesen durchschlagen, damit keine Klumpen entstehen, aufkochen, 15 Minuten köcheln*

100 g jungen Gouda *raspeln, unter die Béchamelsauce rühren (Foto 3), Auflaufform mit*

20 g Butter *ausfetten, auf den Boden 2 Lasagneblätter legen, darauf Spinat, Béchamelsauce, Fenchel, Béchamelsauce, usw.*

150 g jungen Gouda *raspeln, auf die oberste Schicht Lasagneblätter streuen, darauf noch etwas Béchamelsauce geben (Foto 4), die Form auf dem Rost in den Backofen schieben*

Ober-/Unterhitze *200–220 °C (vorgeheizt)*

Heißluft *180–200 °C (nicht vorgeheizt)*

Gas *Stufe 4–5 (nicht vorgeheizt)*

Backzeit *etwa 30 Minuten*

den Deckel abnehmen, bei Oberhitze 5 Minuten überbacken.

Pro Portion *E: 27 g; F: 29 g; Kh: 37 g; kJ: 2288; kcal: 546.*

Tip *Es gibt auch Lasagneblätter, die nicht vorgekocht werden müssen.*

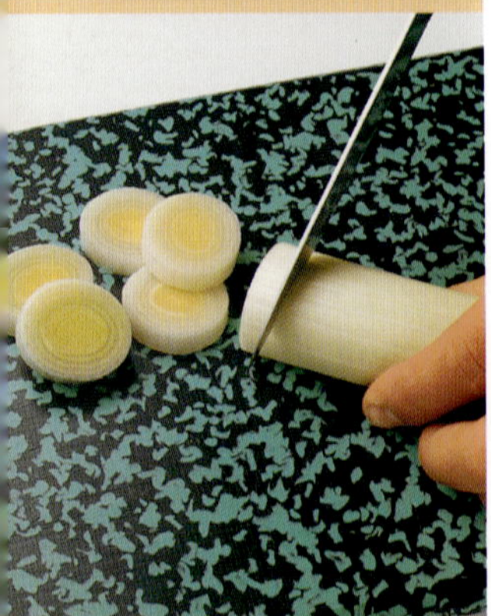

Bunter Gemüseauflauf

400 g gekochte Kartoffeln	*in Scheiben schneiden*
1 rote, 1 grüne Paprika	*halbieren, entstielen, entkernen, die weißen Scheidewände entfernen, die Schoten waschen, in Stücke schneiden*
1 Dose Mais (240 g)	*abtropfen lassen (Foto 1)*
200 g Champignons	*putzen, in Scheiben schneiden*
200 g Porree (Lauch)	*putzen, waschen, in Scheiben schneiden (Foto 2)*
	alle Zutaten vermischen, mit
Salz	
frisch gemahlenem Pfeffer	*bestreuen, in eine Auflaufform füllen (Foto 3)*
250 ml (1/4 l) Schlagsahne	*mit*
4 Eiern	*verrühren, mit*
Salz	
frisch gemahlenem Pfeffer	
gerebeltem Basilikum	*abschmecken*
75 g geriebenen Gouda	*unterrühren, über den Auflauf verteilen (Foto 4)*
	die Form auf dem Rost in den Backofen schieben
Ober-/Unterhitze	*etwa 180 °C (vorgeheizt)*
Heißluft	*etwa 160 °C (nicht vorgeheizt)*
Gas	*etwa Stufe 4 (vorgeheizt)*
Backzeit	*etwa 45 Minuten*
	vor dem Servieren 3 Eßlöffel Schnittlauchröllchen über den Auflauf streuen.
Pro Portion	*E: 20 g; F: 33 g; Kh: 31 g; kJ: 2165; kcal: 517.*

Staudensellerie-Gratin

3 Knoblauchzehen	
2 Zwiebeln	*beide Zutaten abziehen, in feine Würfel schneiden*
1 EL Butter	*zerlassen, Zwiebel- und Knoblauchwürfel darin weich dünsten lassen*
125 ml (1/8 l) Weißwein	*hinzugießen, etwas einkochen lassen (Foto 1)*
2 Fleischtomaten	*waschen, kleinschneiden, hinzugeben, mit*
Salz	
frisch gemahlenem Pfeffer	*würzen*
1 Staude Staudensellerie	*putzen, harte Fäden an der Außenseite der Stengel abziehen (Foto 2), die Stengel waschen, kleinschneiden, in eine gefettete feuerfeste Form schichten (Foto 3), die Tomatensauce darübergießen (Foto 4)*
2 EL geriebenen Parmesan	*darüberstreuen, die Form auf dem Rost in den kalten Backofen schieben*
Ober-/Unterhitze	*etwa 200 °C*
Heißluft	*etwa 180 °C*
Gas	*etwa Stufe 4*
Backzeit	*etwa 20 Minuten.*
Pro Portion	*E: 4 g; F: 4 g; Kh: 7 g; kJ: 401; kcal: 96.*

Champignon-Zucchini-Auflauf

600 g Zucchini *waschen, abtrocknen, die Enden abschneiden (Foto 1), längs in 1/2 cm dicke Scheiben schneiden*

250 g Paprikaschoten (rot) *halbieren, entstielen, entkernen, die weißen Scheidewände entfernen, die Schoten waschen, in dünne Streifen schneiden*

300 g Champignons *trocken abreiben (Foto 2), evtl. abspülen, in dicke Scheiben schneiden*

1 EL Speiseöl *in einer Pfanne erhitzen, die Champignon- und Zucchinischeiben kurz darin andünsten, die Paprikastreifen 1–2 Minuten in*

kochendem Salzwasser *blanchieren (Foto 3), abtropfen lassen, die Blättchen von*

1 Topf Basilikum *abspülen, trockentupfen, in feine Streifen schneiden, in eine ovale gefettete Auflaufform abwechselnd Champignon- und Zucchinischeiben und Paprikastreifen einschichten (Foto 4)*

4 Eier *mit*
4 EL Milch
1 Becher (150 g) Crème fraîche *verrühren, mit*
Salz
frisch gemahlenem Pfeffer
geriebener Muskatnuß
2 zerdrückten Knoblauchzehen *würzen, die Eiermilch über das Gemüse geben*

100 g geriebenen mittelalten Gouda *darüberstreuen, den Auflauf in den kalten Backofen schieben*

Ober-/Unterhitze *etwa 200 °C*
Heißluft *etwa 180 °C*
Gas *Stufe 3–4*
Backzeit *30–40 Minuten.*
Pro Portion *E: 20 g; F: 30 g; Kh: 9 g; kJ: 1671; kcal: 399.*
Beilage *Baguette.*

Obst und süße Speisen sind der Abschluß einer Mahlzeit.

Mit Obst können fehlende Vitamine ergänzt und Frisches serviert werden. Obst hat einen hohen Anteil an Ballaststoffen und liefert Vitamine in einer wohlschmeckenden Form. Es sollte täglich auf dem Speisezettel stehen. Ein Stück Obst kann ein Dessert ersetzen.

Süße Speisen, auch Nachspeise oder Dessert genannt, sind ein besonderer Genuß für Erwachsene und Kinder. Ganz besonders große Süßschnäbel verzichten dafür sogar auf ihre Hauptmahlzeit.

Obstsalat

(Foto Seite 144/145 – 6 Portionen)

2 mittelgroße Äpfel (250 g)	*vierteln, entkernen, schälen*
1 kleine Mango (250 g)	*halbieren, entkernen, schälen*
1 Nektarine (75 g)	
1 mittelgroßer Pfirsich (75 g)	
	beide Zutaten waschen, abtrocknen, halbieren, entsteinen (Foto 1)
1 mittelgroße Orange (150 g)	*schälen, in Spalten teilen*
1 Kiwi (50 g)	
1 Banane (150 g)	
	beide Zutaten schälen
	das Obst in kleine Stücke (Banane in Scheiben) schneiden (Foto 2)
100 g Erdbeeren	*waschen, gut abtropfen lassen, entstielen (Foto 3), in Stücke schneiden*
	das Obst mit
3 EL Zitronensaft	
30 g Zucker	*vermengen*
	den Obstsalat in eine Glasschale füllen,
30 g Walnußkerne	*hacken (Foto 4), den Obstsalat damit bestreuen.*
Pro Portion	*E: 2 g; F: 3 g; Kh: 34 g; kJ: 758; kcal: 181.*
Beigabe	*Schlagsahne, mit Eierlikör abgeschmeckt oder Vanillesauce.*

Apfelmus

750 g Äpfel	*waschen, vierteln, entkernen, schälen, in kleine Stücke schneiden, mit*
5 EL Wasser	*zum Kochen bringen, weich kochen lassen, durch ein Sieb streichen, nach Belieben mit*
etwa 50 g Zucker	*abschmecken.*
Pro Portion	*E: 0 g; F: 1 g; Kh: 30 g; kJ: 553; kcal: 131.*
Veränderung	*Äpfel mit 50 g Rosinen kochen, nicht durch ein Sieb streichen.*

Puttäpfel, Bratäpfel

8 mittelgroße Äpfel	*waschen, abtrocknen, nicht schälen, von der Blütenseite her ausbohren (Foto 1), aber nicht durchstechen*
	die Äpfel in eine gefettete Auflaufform oder auf feuerfeste kleine Teller setzen
1–2 EL Butter	*mit*
1–2 EL Zucker	
1 Päckchen Vanillin-Zucker	
2 EL gemahlenen Mandeln	
1 EL in Rum eingeweichten Rosinen	*verrühren, mit einem Teelöffel in die Äpfel füllen (Foto 2), evtl. etwas Rum in die Form gießen (Foto 3), auf dem Rost in den vorgeheizten Backofen schieben, weich backen*
Ober-/Unterhitze	*200–220 °C (vorgeheizt)*
Heißluft	*180–200 °C (nicht vorgeheizt)*
Gas	*Stufe 3–4 (vorgeheizt)*
Backzeit	*30–45 Minuten*
	die Äpfel nach dem Backen mit
Puderzucker	*bestreuen (Foto 4).*
Pro Portion	*E: 2 g; F: 9 g; Kh: 33 g; kJ: 982; kcal: 234.*
Beigabe	*Vanillesauce.*

Pflaumenkompott

500 g Pflaumen	*waschen, entstielen, halbieren, entsteinen (Foto 1)*
6 EL Wasser	*mit*
50 g Zucker	*zum Kochen bringen, Pflaumen,*
1 Stück Stangenzimt	
3 Nelken	
1 Msp. gemahlenem Ingwer (nach Geschmack)	*hineingeben, zum Kochen bringen (Foto 2), weich kochen*
	das Kompott erkalten lassen, evtl. mit
Zucker	*abschmecken*
Garzeit	*etwa 8 Minuten.*
Pro Portion	*E: 1 g; F: 1 g; Kh: 29 g; kJ: 540; kcal: 129.*
Tip	*Statt Wasser Rotwein verwenden.*

Birnenkompott

500 g Birnen	*schälen (Foto 3), halbieren, entkernen (Foto 4)*
250 ml (1/4 l) Wasser	*mit*
50 g Zucker	
1 Päckchen Vanillin-Zucker	*zum Kochen bringen, die Birnen hineingeben*
3 Gewürznelken	*hinzufügen*
	zum Kochen bringen, weich kochen
	das Kompott erkalten lassen, evtl. mit
Zucker	*abschmecken*
Garzeit	*etwa 10 Minuten.*
Pro Portion	*E: 1 g; F: 0 g; Kh: 29 g; kJ: 515; kcal: 123.*
Tip	*1 Stück Stangenzimt mitkochen.*

Obst sollte frisch und – wenn möglich roh verzehrt werden, da bei der Lagerung wertvolle Inhaltsstoffe zerstört werden. Frisch wird es als Tafelobst, als Obstsalat oder als Ergänzung zu Quarkspeisen und Cremes gereicht.

Der Hauptbestandteil der meisten Obstarten ist Wasser, daneben enthalten sie vor allem Kohlenhydrate, z. B. Fruchtzucker und unverdauliche Pektine, aber auch Mineralstoffe, Vitamine, Säuren und Geschmacksstoffe. Obst wirkt verdauungsfördernd.

Zum Obst gehören Kernobst, Steinobst und Beerenobst, aber auch Südfrüchte, exotische Früchte und Nüsse werden dazu gerechnet.

Rote Grütze

750 g Erdbeeren *waschen, entstielen, 250 g beiseite stellen*
250 g Rhabarber *waschen, schälen, in etwa 1 1/2 cm lange Stücke schneiden*

250 g schwarze Johannisbeeren *waschen, das Obst mit*
150 g Zucker *zum Kochen bringen, 10 Minuten köcheln*
etwa 60 g Perl-Sago *unter Rühren einstreuen, zum Kochen bringen, etwa 20 Minuten ausquellen lassen*

120–150 g verlesene Himbeeren *mit den beiseite gestellten Erdbeeren hinzufügen, die Grütze zum Kochen bringen, 1–2 Minuten kochen lassen, evtl. mit*
Zucker *abschmecken, erkalten lassen.*
Pro Portion *E: 3 g; F: 1 g; Kh: 69 g; kJ: 1310; kcal: 314.*
Tip *Wer den Geschmack von Sago nicht mag, kann die Grütze mit 8 Blatt Gelatine dicken.*

Creme caramel

50 g Zucker *mit*
3 EL Wasser *erhitzen, Zucker im Wasser auflösen, so lange einkochen, bis die Masse honigfarben wird, sofort in eine Schüssel mit breitem Boden gießen*
4 Blatt Gelatine *in kaltem Wasser 10 Minuten einweichen*
75 ml (1/2 Tasse) Schlagsahne *steif schlagen, beiseite stellen*
2 Eier
30 g Zucker *zu einer dickflüssigen Creme schlagen*
175 ml Milch *zum Kochen bringen, Gelatineblätter ausdrücken, einzeln in die Milch einrühren, bis sie aufgelöst sind, Milch behutsam in die Eiercreme einrühren, bei mäßiger Hitze unter ständigem Rühren so lange erwärmen, bis die Flüssigkeit zu stocken beginnt (nicht mehr kochen!), in kaltem Wasserbad abkühlen, bis die Masse steif zu werden beginnt geschlagene Sahne behutsam unterheben, in die Schüssel mit dem Karamel gießen im Kühlschrank 2 Stunden kühl stellen.*
Pro Portion *E: 8 g; F: 11 g; Kh: 23 g; kJ: 991; kcal: 222.*

Vanille-Eis

2 Eigelb	*mit*
75 g Zucker	*dickschaumig schlagen (Foto 1)*
1/2 Vanilleschote	*aufschlitzen, mit einem Messer auskratzen (Foto 2), das Mark unterrühren*
250 ml (1/4 l) Schlagsahne	*steif schlagen, unter die Eigelbmasse heben (Foto 3), die Masse in eine Eisschale geben, im Gefrierfach des Kühlschranks 3–4 Stunden gefrieren lassen, antauen, mit dem Pürierstab gut durcharbeiten*
1 Eiweiß	*steif schlagen, unter die Eismasse heben, erneut einfrieren, aus dem Eis mit einem Eisportionierer Kugeln ausstechen (Foto 4), auf 4 Dessertschälchen verteilen.*
Pro Portion	*E: 4 g; F: 22 g; Kh: 21 g; kJ: 1272; kcal: 304.*
Beigabe	*Gezuckerte Beerenfrüchte, Eiswaffeln.*
Tip	*Die aufgeschlitzte Vanilleschote in ein kleines Schraubglas mit Haushaltszucker geben.*

Erdbeer-Eis

(6–8 Portionen)

750 g Erdbeeren	*waschen, gut abtropfen lassen, entstielen, im Mixer pürieren, mit*
100 g Zucker	
40 ml Himbeergeist	
3 EL Eierlikör	*verrühren*
300 ml Schlagsahne	*steif schlagen, vorsichtig unter die Erdbeermasse heben, die Masse in Schälchen füllen, im Gefrierschrank des Kühlschranks gefrieren lassen, antauen, mit dem Pürierstab gut durcharbeiten*
1 Eiweiß	*steif schlagen, unter die Eismasse heben, erneut gefrieren lassen, das Eis nach Belieben mit*
steifgeschlagener Schlagsahne	
gewaschenen Erdbeeren	*garnieren, sofort servieren.*
Pro Portion	*E: 3 g; F: 14 g; Kh: 23 g; kJ: 1092; kcal: 262.*

Sorbet aus Orangen und rosa Grapefruit

4 Orangen
2 rosa Grapefruit *auspressen (ergibt etwa 3/4 l Saft – Foto 1), mit*
200 g Puderzucker *verrühren, tiefgefrieren, antauen, mit dem Pürierstab gut durcharbeiten (Foto 2),*
1 Eiweiß *steif schlagen, unter die Sorbetmasse heben (Foto 3),*
2 cl Whisky *unterrühren, wieder gefrieren, mit einem Eisportionierer Kugeln abstechen (Foto 4).*
Pro Portion *E: 3 g; F: 0 g; Kh: 67 g; kJ: 1210; kcal: 288.*
Tip *Auf dieselbe Weise kann aus vielen anderen Obstarten ein Sorbet hergestellt werden. Beerenobstarten, Aprikosen oder Mango werden zu diesem Zweck nicht entsaftet, sondern püriert.*

Panna cotta

250 ml (1/4 l) Schlagsahne
250 ml (1/4 l) Milch *mit*
1 Stück Zitronenschale (unbehandelt)
30 g Zucker *zum Kochen bringen, 10 Minuten kochen lassen, die Zitronenschale entfernen*
4 Blatt weiße Gelatine *nach Anleitung auf dem Päckchen in kaltem Wasser einweichen, gut ausdrücken, zu der Sahne geben, so lange rühren, bis die Gelatine aufgelöst ist*
die Creme in kleine, mit Wasser ausgespülte Timbale-Formen oder Kaffeetassen füllen, kalt stellen, in etwa 1 1/2 Stunden fest werden lassen.

Für die Sauce
250 g gekochte, gezuckerte Aprikosenhälften *(einige zum Verzieren zurücklassen),*

(Fortsetzung Seite 154)

	mit
1 EL Zitronensaft	*und*
2 EL Weißwein	*pürieren*
	die zurückgelassenen Aprikosenhälften in Spalten schneiden, die Panna cotta aus den Förmchen stürzen, mit den Aprikosenspalten garnieren, mit der Sauce servieren.
Pro Portion	*E: 14 g; F: 22 g; Kh: 19 g; kJ: 1427; kcal: 341.*
Tip	*Die Sauce kann während der Saison auch mit frischen Aprikosen oder Zwetschgen gekocht werden. Geeignet sind auch alle Beerenobstsorten.*

Mousse au chocolat

1 Tafel (100 g) Edelbitter-schokolade	*in kleine Stücke brechen (Foto 1), in einem Topf im Wasserbad bei schwacher Hitze zu einer geschmeidigen Masse rühren*
2 Blatt Gelatine	*in kaltem Wasser etwa 10 Minuten einweichen (Foto 2), ausdrücken, in die Schokolade einrühren, bis die Gelatine sich aufgelöst hat, abkühlen lassen*
125 ml (1/2 Becher) Schlagsahne	*steif schlagen, behutsam unter die Schokolade rühren, mit*
1 Glas (2 cl) Orangenlikör	*aromatisieren*
4 Eiweiß	*steif schlagen, so daß ein Messerschnitt sichtbar bleibt (Foto 3), behutsam unterheben*
	die Creme mindestens 2 Stunden kalt stellen
	vor dem Servieren die Creme mit einem Eisportionierer oder mit einem Eßlöffel auf Dessertgläser verteilen (Foto 4).
Pro Portion	*E: 11 g; F: 18 g; Kh: 14 g; kJ: 1173; kcal: 280.*

A

B

C

D

E

F

G

H

J

K

L

M

N

O

P

R

S

T

U

V

W

Z

Umwelthinweis

Dieses Buch und der Schutzumschlag wurden auf chlorfrei gebleichtem Papier gedruckt. Die Einschrumpffolie – zum Schutz vor Verschmutzung – ist aus umweltfreundlicher und recyclingfähiger PE-Folie.

Wenn Sie Anregungen, Vorschläge oder Fragen zu unseren Büchern haben, rufen Sie uns unter folgender Nummer an (05 21) 52 06 42 oder schreiben Sie uns. Wir antworten umgehend.

Ceres Verlag, Rudolf August Oetker KG
Redaktion
Am Bach 11, 33602 Bielefeld

Redaktion Carola Reich

Fotos
Titelfoto: Thomas Diercks, Hamburg

Innenfotos: Thomas Diercks, Hamburg
Christiane Pries, Borgholzhausen
Norbert Toelle, Bielefeld

Foodstyling: Isabel Rohlfing, Bielefeld

Rezeptentwicklung und -beratung Ulli Meyer, Bochum

Umschlaggestaltung Parzhuber & Partner, München

Gestaltung Kontur Design, Bielefeld

Satz adrupa, Paderborn

Reproduktionen Mohndruck Graphische Betriebe GmbH, Gütersloh

Herstellung Mohndruck Graphische Betriebe GmbH, Gütersloh

ISBN 3-7670-307-4